Sección de Obras de Historia

LA CONQUISTA DEL BAJÍO Y LOS ORÍGENES
DE SAN MIGUEL DE ALLENDE

DAVID CHARLES WRIGHT CARR

La conquista del Bajío y los orígenes de San Miguel de Allende

EDITORIAL DE LA UNIVERSIDAD
DEL VALLE DE MÉXICO
FONDO DE CULTURA ECONÓMICA
MÉXICO

Primera edición, 1999

Se prohíbe la reproducción total o parcial de esta obra
—incluido el diseño tipográfico y de portada—,
sea cual fuere el medio, electrónico o mecánico,
sin el consentimiento por escrito del editor.

D. R. © 1998, EDITORIAL DE LA UNIVERSIDAD DEL VALLE DE MÉXICO
Tehuantepec, 250 Col. Roma Sur; 06760 México, D. F.

D. R. © 1998, FONDO DE CULTURA ECONÓMICA
Carretera Picacho-Ajusco, 227; 14200 México, D. F.

ISBN 968-16-5885-X

Impreso en México

PRÓLOGO

Para entender los orígenes de San Miguel de Allende es necesario aclarar varios problemas arqueológicos, lingüísticos e históricos. También es importante ubicar este fenómeno histórico en un entorno regional más amplio. Nos fijaremos en el papel que tuvieron el Bajío y otras regiones cercanas en los procesos culturales de la época prehispánica y de la primera época novohispana. Durante estos periodos, el Bajío estaba cerca del límite septentrional de la civilización mesoamericana. En esta frontera cultural terminaban los asentamientos agrícolas de los grupos mesoamericanos y empezaba el territorio de los grupos de cazadores y recolectores, quienes vivían como nómadas o seminómadas. En algunos periodos esta frontera fluctuante quedaba al norte del Bajío; en otros, estaba al sur.

Para los fines del presente estudio, el Bajío se define como el conjunto de planicies —con una altura de 1 600 a 2 000 metros sobre el nivel del mar— ubicado en la parte meridional de los estados de Guanajuato y Querétaro. Su límite meridional es el río Lerma. Abarca los valles de varios afluentes del Lerma, los cuales bajan desde el norte y el oriente: los ríos Turbio, Guanajuato, Laja y el sistema de los ríos Querétaro, Pueblito y Apaseo. En su extremo oriental, el Bajío llega hasta el río San Juan, único de esta región que fluye hacia el Golfo de México, a través del sistema de los ríos Moctezuma y Pánuco. El Bajío abarca las ciudades actuales de Pénjamo, Irapuato, Silao, Guanajuato, Salamanca, Celaya, Comonfort, San Miguel de Allende, Dolores Hidalgo, Apaseo el Grande, Querétaro y San Juan del Río.

El papel que tuvo cada uno de los diferentes grupos indígenas en estos procesos se analizará brevemente, poniendo un acento especial en los otomíes,[1] actores claves en la colonización de la

---

[1] En este libro usaré el término castellano *otomí*, derivado de la palabra náhuatl *otomitl*, para referirme tanto al idioma como a las personas que lo hablan. Algunos otomíes contemporáneos insisten en el uso de palabras en su propia lengua para estos fines. Las palabras varían de un dialecto regional a otro; no se ha

zona después de la conquista española. Los otomíes son uno de los grupos etnolingüísticos menos comprendidos del centro de México, gracias a una especie de "leyenda negra" creada por sus vecinos y rivales nahuas, luego trasmitida por los cronistas españoles y recogida por varios académicos modernos. Las investigaciones de la prehistoria lingüística de los otomíes aportan una visión distinta de su destacado papel en las culturas centromexicanas a través del tiempo.

Las fuentes etnohistóricas escritas por otomíes, o por españoles que trabajan con informantes otomíes, también permiten un mayor acercamiento a nuestro tema. En estas fuentes documentales podemos detectar una "etapa clandestina" de la colonización del Bajío, cuando pequeños grupos de refugiados otomíes huían del dominio ibero para fundar asentamientos agrícolas en el norte, más allá del alcance de las autoridades europeas. La importancia de esta primera etapa ha sido subestimada en la mayor parte de los estudios históricos sobre esta región. Un obstáculo importante en nuestra comprensión de la colonización del Bajío durante el siglo XVI han sido los documentos apócrifos, elaborados por varios caciques otomíes hacia 1700, en los que se mezclan los hechos históricos con una tradición oral llena de sucesos míticos y anacrónicos. Estos manuscritos suelen tratarse como si

logrado consenso. Ejemplos de estas palabras, todas las cuales significan 'otomí', son: *hñähñü* o *hñähñu* (Valle del Mezquital, Hidalgo), *ñhähñu*, *n'yühü* o *n'yän'yü* (sur de la Huasteca, en los estados de Hidalgo, Puebla y Veracruz), *hñähño* o *ñaño* (sur de Querétaro), *ñathó* (Toluca, Estado de México) y *yuhmú* (Ixtenco, Tlaxcala). Estas palabras se registran en las siguientes fuentes: Anastasio Botho Gazpar, "La cultura hñähñü", en *Nos queda la esperanza, el Valle del Mezquital*, Carlos Martínez Assad y Sergio Sarmiento, coordinadores, México, Consejo Nacional para la Cultura y las Artes, 1991, pp. 249-256; José Ramiro Cajero y Roberto Lemus Aparicio, *Ma he'mi nge ñhähñu. Mi libro de otomí, Tenango de Doria, Hidalgo*, México, Secretaría de Educación Pública, 1981; Jacques Galinier, *N'yühü, les Indiens Otomis, hiérarchie sociale et tradition dans le Sud de la Huasteca*, México, Mission Archéologique et Ethnologique Française au Mexique, 1979; Jacques Galinier, *Pueblos de la Sierra Madre, etnografía de la comunidad otomí*, Mariano Sánchez Ventura y Philippe Chéron, traductores, México, Instituto Nacional Indigenista, 1987; Ewald Hekking y Severiano Andrés de Jesús, *Diccionario español-otomí de Santiago Mexquititlán*, Querétaro, Universidad Autónoma de Querétaro, 1989; Yolanda Lastra, *El otomí de Toluca*, México, Instituto de Investigaciones Antropológicas, Universidad Nacional Autónoma de México, 1992; Yolanda Lastra, "Estudios antiguos y modernos sobre lengua otomí", en *Anales de Antropología* (Instituto de Investigaciones Antropológicas, Universidad Nacional Autónoma de México), vol. 29, 1995, p. 483.

fueran del siglo XVI, pero sin tomar en cuenta el entorno cultural en el que fueron creados. Sin duda son muestras interesantes de la tradición oral indígena de la época barroca, pero de ninguna manera deben tomarse como descripciones válidas de los acontecimientos del siglo XVI.

Trataré de resolver estos problemas hasta donde permiten los datos hoy disponibles. Presentaré una visión general de los orígenes de San Miguel, en el contexto regional, como parte de un proceso de expansión de los indígenas mesoamericanos y de los recién llegados europeos hacia las tierras de los cazadores y recolectores del norte.

Este trabajo se basa en una serie de estudios que he realizado durante los últimos 15 años. Una primera versión se presentó en el ciclo de conferencias celebrado en ocasión del quinto centenario de los descubrimientos de Colón (1492-1992) y del 450 aniversario de la fundación de San Miguel de Allende (1542-1992), organizado por la Academia Mexicana de la Historia y el Centro Cultural "El Nigromante" (Instituto Nacional de Bellas Artes), en San Miguel de Allende, el 11 de julio de 1992. Fue presentada, en versión resumida, a manera de trabajo de recepción como miembro corresponsal, en una sesión de la Academia Mexicana de la Historia el 1º de septiembre del mismo año. El texto fue publicado en las *Memorias de la Academia Mexicana de la Historia*.[2] La presente versión ha sido corregida, ampliada y actualizada; se le han agregado un apéndice documental con versiones paleográficas de 15 manuscritos novohispanos, varios de los cuales han permanecido inéditos hasta ahora, y una serie de ilustraciones.

---

[2] David Charles Wright Carr, "La conquista del Bajío y los orígenes de San Miguel de Allende", en *Memorias de la Academia Mexicana de la Historia*, tomo 36, 1993, pp. 251-293. Una versión todavía más antigua del presente trabajo (pero sin el enfoque específico en San Miguel de Allende) fue la ponencia "La colonización de los estados de Guanajuato y Querétaro por los otomíes según las fuentes etnohistóricas" que presenté en la *VI mesa de trabajo, desarrollo cultural en el occidente y norte de México: arqueología y etnohistoria*, en el Centro de Estudios Antropológicos del Colegio de Michoacán en Zamora, Michoacán, el 28 de mayo de 1992. Esta ponencia fue publicada en el libro *Contribuciones a la arqueología y etnohistoria del occidente de México*, Eduardo Williams, editor, Zamora, El Colegio de Michoacán, 1994, pp. 379-411.

I. LA FRONTERA NORTE-CENTRAL DE MESOAMÉRICA

ANTES de abordar nuestro tema principal, conviene analizar el carácter fronterizo del Bajío durante la época prehispánica. Durante todo el siglo XVI, nuestra zona de estudio mantuvo esta calidad de zona de encuentro entre culturas distintas. Fue una frontera dinámica, permeable y a veces fluctuante. Al sur se encontraban las culturas mesoamericanas; el concepto teórico de *Mesoamérica* implica un conjunto de culturas que compartían una civilización caracterizada por una sociedad jerarquizada; centros urbanos con arquitectura monumental; técnicas agrícolas intensivas; una religión centrada en la veneración de los astros y otros aspectos de la naturaleza; un calendario específico, con ciclos entrelazados de 260 y de 365 días; un juego de pelota de tipo ritual, y otros rasgos culturales.[1] Al norte de esta frontera vivían los "chichimecas", definidos —para los fines del presente estudio— como cazadores-recolectores, nómadas o seminómadas, que tenían una organización social y una cultura material más sencillas que sus vecinos mesoamericanos. La interacción de estas dos formas de vida constituye el contexto cultural de los sucesos que dieron origen a la actual ciudad de San Miguel de Allende.

LA MESOAMÉRICA MARGINAL: PRIMEROS ASENTAMIENTOS Y PRIMER FLORECIMIENTO (500 A.C.-900 D.C.)

Resumiré en esta sección algunos estudios arqueológicos sobre la Mesoamérica marginal, en la parte septentrional del Altiplano Central, que en algunos periodos se integraba culturalmente a la

---

[1] Hay varias definiciones del concepto de Mesoamérica. Algunos de los principales autores son Jorge A. Vivó, Paul Kirchhoff, Gordon R. Willey, Jaime Litvak King y Alfred L. Kroeber. Sus ensayos fueron reeditados en *Una definición de Mesoamérica*, 2ª ed., México, Instituto de Investigaciones Antropológicas, Uni-

civilización mesoamericana. El término *Mesoamérica marginal* fue creado para referirse a una región donde existen vestigios arqueológicos de carácter mesoamericano (centros urbanos o semiurbanos con arquitectura monumental, incluyendo basamentos troncopiramidales escalonados, canchas para el juego de pelota y otros tipos de edificios), pero que carecía de sociedades complejas en el momento de la conquista. La palabra *marginal* debe entenderse en un sentido puramente geográfico, no cultural. Más que haber sido un reflejo de las civilizaciones del centro de México, los mesoamericanos del norte desarrollaron culturas con rasgos propios. En años recientes los especialistas han llegado a un consenso general sobre los aspectos fundamentales de la dinámica cultural en esta zona. Sin embargo, es evidente que faltan muchas investigaciones antes de poder lograr una visión más o menos coherente de los diferentes grupos que la habitaban, las interacciones entre ellos, sus relaciones con los pueblos de los valles centrales de México y la cronología específica de cada asentamiento.

Durante los siglos V a I a.C., aproximadamente, aparecen los primeros asentamientos agrícolas en el Bajío. Desde entonces, los habitantes de esta región participaban en la tradición Chupícuaro. Esta cultura, ubicada en el norte del estado de Michoacán y el sur de Guanajuato, se caracteriza por una economía basada en la agricultura, basamentos de piedra sencillos y una cerámica muy refinada, con valores estéticos notables, incluyendo vasijas policromas, figuras antropomorfas huecas y figurillas femeninas aplanadas, a menudo con ojos parecidos a granos de café. La cultura Chupícuaro floreció entre el 500 a.C. y el 200 d.C. en el valle del río Lerma y en el Bajío en general. Su cerámica muestra similitudes con las tradiciones alfareras del Valle de México y con las del noroeste de México. Es probable que la cultura representada por esta tradición cerámica haya tenido un papel fundamental en el inicial establecimiento de los asentamientos agrícolas en buena parte de la Mesoamérica septentrional. La cerámica de estilo

---

versidad Nacional Autónoma de México, 1992. También deben consultarse las ponencias reunidas en el libro *La validez teórica del concepto Mesoamérica, XIX mesa redonda de la Sociedad Mexicana de Antropología*, Antonio Guzmán V. y Lourdes Martínez O., editores, México, Instituto Nacional de Antropología e Historia, 1990.

Chupícuaro parece ser "ancestral" de varias tradiciones posteriores del norte durante los siglos III a IX.[2] Durante los primeros siglos de nuestra era había asentamientos agrícolas en el norte de la Mesoamérica marginal, en Zacatecas y Durango. Se produjo ahí la etapa inicial de una cultura que ha

[2] Sobre la cultura Chupícuaro en general, véanse las siguientes fuentes: Dolores Flores, *Ofrendas funerarias de Chupícuaro, Gto.*, *catálogo de las colecciones arqueológicas del Museo Nacional de Antropología*, México, Museo Nacional de Antropología, Instituto Nacional de Antropología e Historia, 1992; Elma Estrada Balmori y Román Piña Chan, "Funeraria en Chupícuaro", en *Cuadernos del Seminario de Estudios Prehispánicos de Guanajuato* (Dirección General de Extensión, Universidad de Guanajuato), año 1, núm. 0, 1996, pp. 21-25; José Luis Lara Valdés, "Chupícuaro: cincuenta años de historia postergada, tres artículos editados en *Umbral*, 1946, 1947", en *ibid.*, pp. 9-15; Muriel Porter de Moedano, "La cerámica procedente de Chupícuaro, Gto.", en *ibid.*, pp. 27-29; Daniel F. Rubín de la Borbolla, "Problemas de la arqueología de Chupícuaro", en *ibid.*, pp. 17-19; Román Piña Chan, *Acerca del viejo Cuitzeo, guía oficial*, México, Instituto Nacional de Antropología e Historia, s. f.; Román Piña Chan, "Las culturas preclásicas del México antiguo", en *Historia de México*, 1ª edición (fascicular), vol. 1, Barcelona/México, Salvat Editores, 1974, pp. 175-179.

Sobre la presencia de la cerámica estilo Chupícuaro en el Bajío, véanse: Beatriz Braniff Cornejo, "Secuencias arqueológicas en Guanajuato y la cuenca de México: intento de correlación", en *Teotihuacan, XI mesa redonda*, México, Sociedad Mexicana de Antropología, 1972, p. 274; Beatriz Braniff Cornejo, "Oscilación de la frontera norte mesoamericana: un nuevo ensayo", en *Arqueología* (Dirección de Arqueología, Instituto Nacional de Antropología e Historia), 2ª época, núm. 1, enero-junio de 1989, p. 107; Carlos Castañeda López, Ana María Crespo Oviedo, José Antonio Contreras, Juan Carlos Saint-Charles Zetina, Trinidad Durán y Luz María Flores Morales, "Interpretación de la historia del asentamiento en Guanajuato", en *Primera reunión sobre las sociedades prehispánicas en el centro occidente de México, memoria*, México, Instituto Nacional de Antropología e Historia, 1988, pp. 322 y 323; Juan Carlos Saint-Charles Zetina y Miguel Argüelles Gamboa, "Cerro de la Cruz, un asentamiento prehispánico en San Juan del Río, Querétaro", en *Investigación* (Universidad Autónoma de Querétaro), 1ª época, año 5, núm. 18, octubre-diciembre de 1986, pp. 43-49; Juan Carlos Saint-Charles Zetina y Miguel Argüelles Gamboa, "Los primeros asentamientos agrícolas en el Valle de San Juan del Río, Qro. (500 a.C.-0)", en *Investigación* (Universidad Autónoma de Querétaro), 1ª época, año 7, núms. 25-26, julio-diciembre de 1988, pp. 5-7; Juan Carlos Saint-Charles Zetina y Miguel Argüelles Gamboa, "Cerro de la Cruz: persistencia de un centro ceremonial", en *Querétaro prehispánico*, México, Instituto Nacional de Antropología e Historia, 1991, pp. 57-97; Sergio Sánchez Correa y Emma G. Morales Marmolejo, "Algunas apreciaciones sobre el Clásico en el Bajío central, Guanajuato", en *La época Clásica: nuevos hallazgos, nuevas ideas*, Amalia Cardos de Méndez, coordinadora, México, Museo Nacional de Antropología, Instituto Nacional de Antropología e Historia, 1990, pp. 268 y 269; Carlos Castañeda López y Yolanda Cano Romero, "Los túmulos funerarios de Chupícuaro, el caso de la Virgen, Guanajuato", en *Cuadernos de Arquitectura Mesoamericana* (Facultad de Arquitectura, Universidad Nacional Autónoma de México), núm. 25, marzo de 1993, pp. 23-27.

sido bautizada con el nombre Chalchihuites. Estos pequeños asentamientos agrícolas se localizaban junto a los ríos, en lugares escogidos también por sus posibilidades de defensa militar. Su producción cerámica muestra similitudes con los estilos Chupícuaro y Zacatenco, este último procedente del Valle de México.[3]

Hacia principios del primer milenio de nuestra era aparecieron en el altiplano del estado de San Luis Potosí varios asentamientos agrícolas cuyos habitantes interactuaban con los cazadores-recolectores de la zona. Los grupos sedentarios vivían en casas con muros de adobe. Los restos cerámicos y los artefactos líticos como metates y puntas de proyectil sugieren una dieta de plantas cultivadas, complementada con alimentos vegetales silvestres y con la carne de los animales que cazaban.[4]

Así es que ya en el siglo III d.C. la Mesoamérica marginal, desde el Bajío hasta Durango, Zacatecas y San Luis Potosí, estaba habitada por grupos sedentarios, vinculados con las culturas del sur. Esto fue el antecedente de un desarrollo cultural significativo durante los siglos IV a IX. Las culturas del norte tenían características marcadamente propias, a pesar de que algunas de ellas tenían relaciones comerciales con los centros urbanos de la Mesoamérica nuclear, particularmente con Teotihuacan. Los grupos mesoamericanos norteños tuvieron que adaptarse al medio árido y establecer algún tipo de relación con sus vecinos cazadores-recolectores. Hacia el siglo X, los pueblos sedentarios abandonaron la mayor parte de la Mesoamérica marginal. Algunos investigadores han propuesto ciertas causas climáticas para explicar esta contracción de la cultura sedentaria. Pero faltan estudios más completos sobre cada una de las diferentes regiones de la Mesoamérica marginal antes de lograr una visión clara del papel del clima en los cambios culturales.[5]

[3] Leonardo López Luján, *Nómadas y sedentarios, el pasado prehispánico de Zacatecas*, México, Instituto Nacional de Antropología e Historia, 1989, pp. 52-54.

[4] Ana María Crespo Oviedo, *Villa de Reyes, S. L. P.: un núcleo agrícola en la frontera norte de Mesoamérica*, México, Instituto Nacional de Antropología e Historia, 1976, pp. 71 y 99; Beatriz Braniff Cornejo, *La estratigrafía arqueológica de Villa de Reyes, San Luis Potosí*, México, Instituto Nacional de Antropología e Historia, 1992, pp. 147-149 y 153; François Rodríguez Loubet, *Artefactos líticos del estado de Guanajuato*, México, Instituto Nacional de Antropología e Historia, 1988, pp. 21 y 22.

[5] Pedro Armillas, "Condiciones ambientales y movimientos de pueblos en la frontera septentrional de Mesoamérica", en *Pedro Armillas: vida y obra*, vol. 2,

Los siglos IV a IX vieron el florecimiento de la cultura Chalchihuites en Durango y Zacatecas. Su máxima expresión urbanística y arquitectónica fue el sitio La Quemada. Una impresionante serie de calzadas, terrazas, basamentos, habitaciones y murallas (estas últimas como elementos tardíos) se adosa a un cerro de unos 250 metros de altura. Se hicieron obras de riego para asegurar la producción agrícola. La minería —de turquesa, hematita, hornsteno, ocre, pedernal y riolita— fue importante en su economía, así como el comercio interregional. Parece que hubo migraciones desde esta zona hacia los valles centrales de México cuando se produjo el colapso de las culturas agrícolas norteñas hacia el siglo X.[6]

La tradición cultural Teuchitlán floreció durante la última parte del periodo Clásico (200-900 d.C.), al norte y al noroeste del lago de Chapala, Jalisco. Es notable su arquitectura monumental, con basamentos para templos de forma troncocónica, rodeados de estructuras menores con una disposición radial, así como canchas para el juego de pelota. Weigand ha estudiado extensos complejos de chinampas en esta zona. Éstas son indicios de una gran producción agrícola y en consecuencia de una población numerosa.[7]

Teresa Rojas Rabiela, editora, México, Centro de Investigaciones y Estudios Superiores en Antropología Social, 1991, pp. 207-232; Rosa Brambila, Carlos Castañeda López, Ana María Crespo Oviedo, Trinidad Durán, Luz María Flores Morales y Juan Carlos Saint-Charles Zetina, "Problemas de las sociedades prehispánicas del centro occidente de México: resumen", en *Primera reunión sobre las sociedades prehispánicas en el centro occidente de México, memoria*, México, Instituto Nacional de Antropología e Historia, 1988, pp. 17-19; Braniff, "Oscilación...", pp. 105-110; Roy B. Brown, *Arqueología y paleoecología del norcentro de México*, México, Instituto Nacional de Antropología e Historia, 1992.

[6] Ignacio Marquina, *Arquitectura prehispánica*, facsímil de la 2ª ed., vol. 1, México, Instituto Nacional de Antropología e Historia, 1981, pp. 243-249; Marie-Areti Hers, *Los toltecas en tierras chichimecas*, México, Instituto de Investigaciones Estéticas, Universidad Nacional Autónoma de México, 1989, pp. 184-192; López Luján, *Nómadas...*, pp. 56-79; Peter Jiménez Betts, "La Quemada", en *Arqueología Mexicana* (Editorial Raíces/Instituto Nacional de Antropología e Historia), vol. 1, núm. 6, febrero-marzo de 1994, pp. 45-47; Vincent W. Schiavetti, "La minería prehispánica de Chalchihuites", en *Arqueología Mexicana* (Editorial Raíces/Instituto Nacional de Antropología e Historia), vol. 1, núm. 6, febrero-marzo de 1994, pp. 48-51; John Charles Kelley, *Cátedra extraordinaria "Alfonso Caso y Andrade", el centro ceremonial en la cultura de Chalchihuites*, México, Instituto de Investigaciones Antropológicas, Universidad Nacional Autónoma de México, 1983.

[7] Phil C. Weigand, *Evolución de una civilización prehispánica, arqueología de Jalisco, Nayarit y Zacatecas*, Zamora, El Colegio de Michoacán, 1993; Phil C. Weigand,

También durante este periodo hubo asentamientos con arquitectura monumental, de tipo mesomericano, en San Luis Potosí, notablemente en Villa de Reyes. Su cerámica deja ver relaciones importantes con Río Verde. También hay evidencia del contacto con otras regiones, como Zacatecas y el Bajío, aunque en menor grado. El abandono de la zona potosina es más o menos contemporáneo al colapso del resto de la Mesomérica marginal, hacia el año 900 d.C.[8]

Durante los siglos IV a IX, etapa que coincide con el periodo Clásico de la Mesoamérica nuclear, existió una jerarquía entre los asentamientos de los valles del estado de Querétaro y el Bajío guanajuatense, incluyendo la zona de San Miguel de Allende. Los sitios mayores parecen haber sido centros del control político regional. De ellos dependían centros secundarios, que debieron de haber ejercido un control directo sobre los sitios menores, donde se realizaban diversas actividades productivas, como la agricultura y la manufactura de utensilios líticos. Los sitios de mayor jerarquía cuentan con basamentos monumentales de cierta importancia. A veces los basamentos tienen adosados ciertos espacios rectangulares, definidos por sus anchos volúmenes perimetrales, llamados por los arqueólogos "patios hundidos". Se practicaba una agricultura intensiva, y se llevaban a cabo obras hidráulicas para incrementar la producción de alimentos. En el Bajío, durante el periodo Clásico, se producían los tipos cerámicos rojo sobre bayo (tal vez derivado de la vieja tradición Chupícuaro), rojo pulido y blanco levantado, antecedentes de la cerámica "tolteca" de Tollan Xicocotitlan (Tula, Hidalgo) y otros sitios de los valles del Mezquital y de México. Esto sugiere que hubo migraciones hacia los valles centrales de México cuando se abandonó esta región hacia el siglo X.[9]

"Obras hidráulicas a gran escala en el occidente de Mesoamérica", en *Contribuciones a la arqueología y etnohistoria del occidente de México*, Eduardo Williams, editor, Zamora, El Colegio de Michoacán, 1994, pp. 227-277.

[8] Crespo, *Villa de Reyes*..., pp. 45-67 y 99-101; Braniff, *La estratigrafía*..., pp. 149-154; François Rodríguez Loubet, *Les Chichimeques, archéologie et ethnohistoire des chasseurs-colecteurs du San Luis Potosí, Mexique*, México, Centre d'Études Mexicaines et Centraméricaines, 1985, pp. 17, 22 y 23.

[9] Rosa Brambila y Margarita Velasco, "Materiales de La Negreta y la expansión de Teotihuacan al norte", en *Primera reunión sobre las sociedades prehispánicas en el centro occidente de México, memoria*, México, Instituto Nacional de Antropología e Historia, 1988, p. 294; Braniff; "Secuencias arqueológicas..."; Braniff, "Osci-

En la región de San Miguel de Allende se ha detectado casi un centenar de sitios arqueológicos de este periodo (siglos IV a IX, y el abandono gradual que se efectuó a lo largo del siglo X), con una buena cantidad de edificios en pie. Los antiguos asentamientos tienden a concentrarse en las orillas del río San Marcos, afluente del río Laja, cerca de Tierra Blanca y de Cruz del Palmar. Otros sitios de alguna importancia se localizan al sur del camino a Guanajuato vía la Presa Allende (notablemente en la Cañada de la Virgen), en la falda noroccidental del cerro del Picacho y al norte de San Miguel de Allende en general (donde se encuentra el basamento, hoy muy destruido por el saqueo, de Agua Espinosa). Otro asentamiento importante se encuentra en San Miguel Viejo, sobre una loma, cerca del cauce del río Laja.[10] Bajo las aguas de la Presa Allende, al suroeste de San Miguel de Allende,

---

lación..."; Braniff, *La estratigrafía*..., p. 151; Castañeda, Crespo, Contreras, Saint-Charles, Durán y Flores, "Problemas...", pp. 324-327; Ana María Crespo Oviedo, "Un planteamiento sobre el proyecto constructivo del recinto ceremonial de El Cerrito", en *El heraldo de Navidad* (Patronato de las Fiestas de Querétaro), 1986, p. 33; Claude Nigel Byam Davies, *The Toltecs Until the Fall of Tula*, 2ª ed., Norman, University of Oklahoma Press, 1987, pp. 132-140; Donald Patterson y Luis Felipe Nieto, *Atlas arqueológico, región norte de Guanajuato, proyecto piloto: etapa 1, fase 1, informe núm. 5 al* CRG-INAH, 2 vols., San Miguel de Allende (manuscrito inédito), 1986; Rodríguez, *Artefactos líticos*..., pp. 129 y 130; Saint-Charles y Argüelles, "Cerro de la Cruz, un asentamiento...", p. 48; Saint-Charles y Argüelles, "Cerro de la Cruz: persistencia..."; Sánchez y Marmolejo, "Algunas apreciaciones...", pp. 269-276; Ana María Crespo Oviedo, "Variantes del asentamiento en el Valle de Querétaro: siglos I al X d.C.", en *Querétaro prehispánico*, México, Instituto Nacional de Antropología e Historia, 1991, pp. 99-135; Rosa Brambila, "Datos generales del Bajío", en *Cuadernos de Arquitectura Mesoamericana* (Facultad de Arquitectura, Universidad Nacional Autónoma de México), núm. 25, marzo de 1993, pp. 3-10; Rosa Brambila y Carlos Castañeda López, "Estructuras con espacios hundidos", en *ibid.*, pp. 73-78; Rosa Brambila, Ana María Crespo Oviedo y Juan Carlos Saint-Charles Zetina, "Juegos de pelota en el Bajío", en *ibid.*, pp. 88-95; Carlos Castañeda López y Yolanda Cano Romero, "La arquitectura monumental de San Bartolo Agua Caliente", en *ibid.*, pp. 64-72; Ana María Crespo Oviedo y Juan Carlos Saint-Charles Zetina, "Formas arquitectónicas del Bajío, la división en cuadrantes del espacio central", en *ibid.*, pp. 58-63; Alberto Juan Herrera Muñoz, "Cuicillo del Conejo, Punta de Obrajuelo, Guanajuato", en *ibid.*, pp. 28-39; Jorge Ramos de la Vega, Lorenza López Mestas y C. Carlos Santos Rodríguez, "Conjuntos habitacionales en los sitios del noroeste de Guanajuato", en *ibid.*, pp. 40-49; Juan Carlos Saint-Charles Zetina, "Asentamientos sobre barrancas, río San Juan", en *ibid.*, pp. 17-22; Ana María Crespo Oviedo, "La tradición cerámica del blanco levantado", en *Tiempo y territorio en arqueología, el centro norte de México*, Ana María Crespo y Carlos Viramontes Anzures, coordinadores, México, Instituto Nacional de Antropología e Historia, 1996, pp. 15-21.

[10] Patterson y Nieto, "Atlas arqueológico...", vol. 1.

hay varios sitios del mismo tipo. Siguiendo ese río hacia el sur, antes de llegar a Comonfort, existe un complejo arquitectónico monumental sobre un cerro, cerca de La Orduña de Abajo, con un basamento ceremonial relativamente en buen estado de conservación. En los alrededores de Comonfort hay otros sitios con restos de arquitectura monumental.

Es evidente que el Bajío oriental —incluyendo las zonas de Dolores Hidalgo, San Miguel de Allende, Comonfort, Celaya, Apaseo, Querétaro y San Juan del Río— fue la sede de una cultura importante, contemporánea de las ciudades del periodo Clásico en los valles centrales de México. Esta tradición tiene algunas diferencias en su cultura material con el Bajío occidental. La parte oriental parece mirar hacia los valles centrales de México, mientras que el sector occidental presenta mayores similitudes con el occidente de Mesoamérica, incluyendo basamentos circulares y cerámica anaranjada. Al parecer, estas dos subregiones del Bajío constituyen dos eslabones en una cadena comercial, la cual se extendía entre el noroeste de México, llegando hasta el suroeste de los Estados Unidos de América, y los valles centrales de México.

La Mesoamérica marginal: relaciones con Tula y abandono de los asentamientos agrícolas (900-1520 d.C.)

De los siglos X al XII existen, en algunas partes de la Mesoamérica marginal, restos materiales que muestran estrechas similitudes con la cultura tolteca. (En este estudio usaré la palabra *tolteca* para referirme a la cultura arqueológica de Tula, Hidalgo, y otros sitios afines.) Una hipótesis que puede explicar este fenómeno es que hubo una reocupación parcial del territorio que se había abandonado, por grupos procedentes de los valles centrales de México. De acuerdo con esta explicación, algunos habitantes de la Mesoamérica marginal dejaron sus asentamientos por una crisis, hacia el siglo X, y se trasladaron hacia los valles centrales. Ahí interactuaron con los pueblos más antiguos, formando lo que hoy llamamos la cultura tolteca. Posteriormente volvieron a colonizar parte de la región septentrional. De nuevo volvió a haber asentamientos agrícolas con arquitectura monumental en esta región. En el siglo XII se produjo un nuevo abandono de la región. Este segundo colapso probablemente coincidió con la destrucción de Tula.[11]

Hasta ahora no he visto evidencia de que la reocupación tolteca de la Mesoamérica marginal haya llegado a la zona del río Laja. Sin embargo, en el norte de Guanajuato hay dos sitios —Carabino y El Cóporo— que presentan elementos relacionados con Tula. En Carabino, el más importante de estos sitios, hay basamentos ceremoniales, una cancha para el juego de pelota y un posible *tzompantli* o altar para cráneos, a juzgar por su posición, orientación y relación con la cancha. La tradición cultural tolteca también está presente en el Valle de Querétaro, en El Pueblito, donde se construyeron nuevas edificaciones sobre el basamento de la fase anterior. Allí se han encontrado esculturas antropomorfas tipos *chac-mool* y atlante, relieves diversos y cerámica claramente afiliada con el complejo tolteca de Tula.[12] Las dimensiones del basamento en El Pueblito y la extensión del asentamiento indican que existía ahí un centro de poder regional. En los alrededores del Valle de Querétaro hay sitios de menor jerarquía, también con cerámica tolteca: La Magdalena, hacia el oeste, y La Griega, hacia el oriente. Otro sitio que muestra influencia tolteca directa es Villa de Reyes, San Luis Potosí, aunque de una manera menos espectacular que en Querétaro, pues no se han encontrado monumentos arquitectónicos ni esculturas de piedra de esta fase, sino sólo abundantes restos de cerámica tolteca.[13]

En la región de Durango y Zacatecas no se observa ninguna recuperación de la tradición cultural mesoamericana después del siglo X. Sin embargo, subsistió la agricultura en algunas partes, particularmente entre los cazcanos, aunque en un territorio más

---

[11] Brambila, Castañeda, Crespo, Durán, Flores y Saint-Charles, "Problemas...", pp. 19 y 20; Braniff, "Oscilación...", pp. 109 y 110.

[12] Braniff , "Oscilación...", pp. 109 y 110; Castañeda, Crespo, Contreras, Saint-Charles, Durán y Flores, pp. 328 y 329 (un plano de los monumentos de Carabino se reproduce en la figura 16); Crespo, "Un planteamiento..."; Crespo, "Variantes..."; Luz María Flores Morales y Ana María Crespo Oviedo, "Elementos cerámicos de asentamientos toltecas en Guanajuato y Querétaro", en *Ensayos de alfarería prehispánica e histórica de Mesoamérica*, Mari Carmen Serra Puche y Carlos Navarrete Cáceres, editores, México, Instituto de Investigaciones Antropológicas, Universidad Nacional Autónoma de México, 1988, pp. 205-220.

[13] Crespo, *Villa de Reyes*..., pp. 45-67 y 100; Braniff, *La estratigrafía*..., pp. 151-152.

restringido que antes. Los zacatecos también seguían practicando la agricultura, y obtenían otros alimentos mediante la caza y la recolección. Los guachichiles, por otra parte, eran plenamente nómadas y vivían de la caza y la recolección.[14]

Después del segundo colapso de la Mesoamérica marginal en el siglo XII, esta región estaba en manos de diversos grupos de chichimecas, con diferentes grados de organización social. Algunos de estos grupos combinaban la producción agrícola con la caza y la recolección. Solamente en el Bajío se han detectado algunos intentos de fundar asentamientos mesoamericanos en la zona; hacia finales del siglo XIV y durante el siglo XV se establecieron colonias tarascas[15] en el suroeste de Guanajuato. Parece que estos puestos fronterizos del imperio tarasco estaban abandonados cuando llegaron los españoles.[16]

La frontera de la civilización en 1520

Ahora ubicaré la frontera norte de Mesoamérica en el momento de la conquista, según las fuentes documentales del siglo XVI. En el norte del Altiplano Central, la frontera de la civilización mesoamericana coincidía con los límites septentrionales de los Estados tarasco y mexica (figura 1). En el noreste de esta frontera se

---

[14] López Luján, *Nómadas...*, p. 85.

[15] Usaré el término *tarasco* para referirme al idioma hablado en la zona de los lagos de Michoacán, así como a la gente que lo habla. Este término es tradicional y se encuentra en buena parte de la bibliografía sobre este pueblo. La moda actual de decir *purépecha, p'urhepecha* u otras variantes es válida, pero hay que mencionar que originalmente este término significaba 'gente común', de manera análoga a *macehual* en náhuatl. (Véase Maturino Gilberti, *Vocabulario en lengua de Mechuacan*, México, Casa de Juan Pablos Bressano, 1559, p. 46 v.) Algunos tarascos todavía usan la palabra *purépecha* para referirse a la gente indígena de cualquier grupo etnolingüístico (Pedro Carrasco, comunicación personal).

[16] Brambila, Castañeda, Crespo, Durán, Flores y Saint-Charles, "Problemas...", p. 20; Castañeda, Crespo, Contreras, Saint-Charles, Durán y Flores, "Interpretación...", pp. 330 y 331; Gabriel Zepeda García M., "Nogales: fortaleza tarasca en el estado de Guanajuato", en *Primera reunión sobre las sociedades prehispánicas en el centro occidente de México, memoria*, México, Instituto Nacional de Antropología e Historia, 1988, pp. 299-306; Sergio A. Sánchez Correa, "Comentarios sobre algunos sitios arqueológicos localizados al suroeste de Guanajuato", en *Cuadernos de Arquitectura Mesoamericana* (Facultad de Arquitectura, Universidad Nacional Autónoma de México), núm. 25, marzo de 1993, pp. 50-57.

encontraban, del lado mesoamericano, varios señoríos huastecos: Oxitipan pagaba tributo a los mexicas; Metztitlán fue cabecera de un Estado independiente; sus habitantes hablaban náhuatl y otomí.[17] Sus vecinos, al otro lado de la frontera, eran chichimecas jonaces y pames (figura 2). Lo que nos interesa en el presente estudio es el límite entre el Estado tarasco y los chichimecas guamares y pames, los cuales habitaban el Bajío, así como la frontera entre los otomíes, integrados al Estado mexica, y los pames, quienes habitaban los valles y las sierras del actual estado de Querétaro.

Los gobernantes tarascos en el siglo XVI mantenían su hegemonía sobre una extensa región en lo que hoy es el estado de Michoacán. Su límite septentrional coincidía aproximadamente con la actual frontera entre los estados de Michoacán y Guanajuato. Formaban parte del Estado tarasco los pueblos fronterizos de Jacona, Puruándiro, Yuriria, Acámbaro y Maravatío.[18] La frontera oriental de los tarascos colindaba con el territorio de los otomíes, mazahuas, matlatzincas y ocuiltecos, cuatro de los grupos más antiguos en los valles centrales de México. Es probable que varios pueblos tarascos al oriente de su Estado hayan pertenecido antes a los mencionados grupos otopames. En la lista de las conquistas tarascas en la *Relación de Michoacán* leemos, por ejemplo: "Taximaroa que era de otomíes"[19] (este lugar hoy se llama Ciudad Hidalgo). Por otra parte, los señores tarascos invitaron a varios grupos de otomíes a vivir dentro de su territorio, con el fin de defender sus fronteras contra los ejércitos nahuas del Valle de México. Acámbaro recibió inmigrantes otomíes, procedentes de Huichapan, antes de la conquista. Ahí convivían tarascos, otomíes y algunos chichimecas, probablemente pames. Colonos otomíes y matlatzincas también se asentaron dentro del Estado tarasco en Necotlán, Taymeo y otros pueblos; servían en las guerras contra los mexicas.[20] Esta interacción entre otomíes y taras-

---

[17] Claude Nigel Byam Davies, *Los señoríos independientes del imperio azteca*, México, Instituto Nacional de Antropología e Historia, 1968, pp. 29-61.
[18] Jerónimo de Alcalá (?), *La relación de Michoacán*, Francisco Miranda, editor, México, Secretaría de Educación Pública, 1988, pp. 208-212; Dan Stanislawski, "Tarascan Political Geography", en *American Anthropologist*, vol. 49, núm. 1, enero-marzo de 1947, pp. 47 y 48.
[19] Alcalá, *La relación...*, p. 211.
[20] *Relaciones geográficas del siglo XVI: Michoacán*, René Acuña, editor, México,

cos continuó después de la conquista; fue un factor importante durante la colonización del Bajío en el siglo XVI, como veremos más adelante.

La frontera entre el Estado mexica y el territorio de los chichimecas pames caía en el límite noroccidental de la provincia tributaria de Jilotepec. Este antiguo reino otomí pagaba tributo al Estado de Tlacopan, miembro de la triple alianza, junto con México Tenochtitlan y Texcoco. La provincia de Jilotepec abarcaba la zona noroccidental del actual Estado de México y la mitad occidental del Valle del Mezquital, Hidalgo. Los pueblos fronterizos de la provincia de Jilotepec, donde terminaban los pueblos otomíes y se iniciaban las rancherías de los pames, eran Acambay, Aculco, Nopala, San José Atlán y Tecozautla. En esta provincia estaban Chapa de Mota, Tula, Huichapan, Alfajayucan y varios pueblos más.[21] Los habitantes pames (¿y otomíes?) de Zimapán tributaban los animales que cazaban al señor de Jilotepec, y marcaban el límite septentrional de su zona de dominio.[22] Propuse en otro trabajo que el glifo toponímico *Tlachco* ("lugar del juego

Instituto de Investigaciones Antropológicas, Universidad Nacional Autónoma de México, 1987, pp. 60-63, 186, 276 y 277; Antonio de Ciudad Real, *Tratado curioso y docto de las grandezas de la Nueva España*, vol. 2, Josefina García Quintana y Víctor M. Castillo Farreras, editores, México, Instituto de Investigaciones Históricas, Universidad Nacional Autónoma de México, 1976, pp. 59 y 169.

[21] *Colección de Mendoza o códice mendocino, documento mexicano del siglo XVI que se conserva en la Biblioteca Bodleiana de Oxford, Inglaterra*, facsímil de la edición de 1925, Jesús Galindo y Villa, editor, México, Editorial Innovación, 1980, p. 31; Víctor M. Castillo Farreras, "'Matrícula de tributos': comentarios, paleografía y versión", en *Historia de México*, vol. 2, Barcelona/México, Salvat Editores, 1974, pp. 252-253; David Charles Wright Carr, *Conquistadores otomíes en la Guerra Chichimeca, dos documentos en el Archivo General de la Nación*, Querétaro, Secretaría de Cultura y Bienestar Social, Gobierno del Estado de Querétaro, 1988, p. 44 (véase el documento núm. 15 en el apéndice documental del presente estudio); David Charles Wright Carr, *Querétaro en el siglo XVI, fuentes documentales primarias*, Querétaro, Secretaría de Cultura y Bienestar Social, Gobierno del Estado de Querétaro, 1989, p. 122; Rudolf A. M. van Zantwijk, "La estructura gubernamental del estado de Tlacupan (1430-1520)", en *Estudios de Cultura Náhuatl*, vol. 8, México, Instituto de Investigaciones Históricas, Universidad Nacional Autónoma de México, 1969, pp. 139-151; Robert H. Barlow, "Las provincias septentrionales del imperio de los mexicanos", en *Obras de Robert H. Barlow*, vol. 3: *Los mexicas y la triple alianza*, México, Instituto Nacional de Antropología e Historia/Universidad de las Américas, pp. 173-175.

[22] *Relaciones geográficas del siglo XVI: México*, René Acuña, editor, vol. 1, México, Instituto de Investigaciones Antropológicas, Universidad Nacional Autónoma de México, 1985, pp. 101-103.

de pelota"), que aparece en las listas de tributo de esta provincia (*Códice de Mendoza* y *Matrícula de tributos*), no se refiere a Querétaro, como han afirmado varios historiadores desde el siglo XVII. Querétaro queda bastante lejos de los demás pueblos de la provincia de Jilotepec, todos los cuales se encuentran en el oeste del actual estado de Hidalgo y en la zona colindante del Estado de México. Es probable que ese glifo del juego de pelota se refiera a Tasquillo, ciudad del Valle del Mezquital.[23]

---

[23] David Charles Wright Carr, "Conni/C'óhní/Conín: Hernando de Tapia en la historia de Querétaro", en *El heraldo de Navidad* (Patronato de las Fiestas de Querétaro), 1989, p. 18; Wright Carr, *Querétaro en el siglo XVI*..., pp. 41-44.

Parece que la idea de que Querétaro formó parte de la provincia de Jilotepec durante el siglo XV se originó en un libro publicado en el siglo XVII: Carlos de Sigüenza y Góngora, *Glorias de Querétaro en la nueva Congregación Eclesiástica de María Santíssima de Guadalupe*, México, Viuda de Bernardo Calderón, 1680, p. 2.

II. IDENTIDADES ÉTNICAS, MIGRACIONES E INTERACCIONES CULTURALES

Antes de pasar a la época novohispana, es necesario detenernos en las características culturales de los otomíes y de sus vecinos, tanto los mesoamericanos como los norteños. El papel de los otomíes en las culturas mesoamericanas se ha comprendido poco hasta hoy. En las fuentes documentales nahuas, los otomíes fueron prácticamente borrados de la historia. Sabemos, por un pasaje del libro décimo del *Códice florentino*, que los dirigentes mexicas volvieron a escribir su historia después de 1428, cuando surgieron como el principal poder político y militar del centro de México:

> Por lo qual inventaron la astrología judiciaria, y el arte de interpretar los sueños. Compusieron la cuenta de los días, y de las nochez, y las horas, y las diferencias de tiempos, que se guardó mientras señorearon, y governaron los señores de los tultecas, y de los mexicanos, y de los tepanecas y de todos los chichimecas. Por lo qual cuenta, no se puede saber qué tanto tiempo estuvieron en Tamoanchan, y se sabía por las pinturas que se quemaron en tiempo del señor de Mexico, que se dezía Itzcoatl, en cuyo tiempo los señores y los principales que avía entonces acordaron y mandaron que se quemasen todas, porque no viniesen a manos del vulgo y viniesen en menosprecio.[1]

Los otomíes: un pueblo difamado

La "leyenda negra" en torno a los otomíes tiene su origen en las fuentes escritas por los nahuas, o por españoles que trabajaban

[1] Bernardino de Sahagún, *Códice florentino*, facsímil, vol. 3, México/Italia, Secretaría de Gobernación/Giunti Barbèra, 1979 (libro 10, párrafo 14, f. 142 r.). El texto en náhuatl, en la foja citada, ha sido traducido al inglés por Dibble y Anderson: "The history of it was saved, but it was burned when Itzcoatl ruled in Mexico. A council of elders of Mexico took place. They said: 'It is not necessary for all the common people to know of the writings; government will be defamed,

con informantes nahuas, durante el siglo XVI. En el *Códice florentino* hay otro pasaje, en el cual los otomíes son descritos en términos exageradamente despectivos:

> Los otomíes... eran topes [sic], toscos e inábiles, reñiéndose por su torpedad, le suelen dezir en oprobio "A, que inábil eres, eres como otomite; que no se te alcança lo que te dizen. ¿Por ventura eres uno de los mesmos otomites? Cierto no les eres semejante, sino que eres del todo y puro otomite, y aún más que otomite". Todo lo qual se dezía por injuriar al que es inábil y torpe, reprehendiéndole de su poca capacidad y abilidad.[2]

En otras fuentes del siglo XVI, escritas por españoles, los otomíes son caracterizados como personas rústicas e incultas. Un análisis más profundo de los documentos de este periodo, sin embargo, demuestra que esta visión nahua de los otomíes carece de fundamento. En 1945 Carrasco, después de peinar las fuentes etnohistóricas sobre las culturas indígenas del centro de México, demostró que la cultura otomí fue plenamente mesoamericana.[3] A pesar de ello, siguen hasta la fecha las referencias a los otomíes como un pueblo que nunca hizo una contribución importante al desarrollo de la civilización mesoamericana; que nunca construyó ciudades; que siempre vivió a la sombra de las grandes civilizaciones.[4]

En realidad los otomíes, junto con sus parientes lingüísticos los mazahuas, los matlatzincas y los ocuiltecos, fueron agricultores mesoamericanos con raíces muy antiguas en los valles centrales. Participaron plenamente en la civilización mesoamericana en

---

and this will only spread sorcery in the land; for it containeth many falsehoods'" (Bernardino de Sahagún, *Códice florentino*, libro 10, Charles Dibble y Arthur Anderson, traductores y editores, Santa Fe, School of American Research, University of Utah, 1961, p. 191).

[2] Sahagún, *Códice florentino*, facsímil, vol. 3, libro 10, f. 127 r.

[3] Pedro Carrasco Pizana, *Los otomíes: cultura e historia prehispánica de los pueblos mesoamericanos de habla otomiana*, México, Instituto de Historia, Universidad Nacional Autónoma de México/Instituto Nacional de Antropología e Historia, 1950. Este trabajo "fue presentado en 1945 como tesis profesional para optar al grado de etnólogo en la Escuela Nacional de Antropología" (*ibid.*, p. 7).

[4] Véanse, por ejemplo: Carlos Basauri, *La población indígena de México*, 2ª ed., vol. 3, México, Consejo Nacional para la Cultura y las Artes/Instituto Nacional Indigenista, 1990, pp. 293 y 294; Miguel León-Portilla, *Literaturas de Mesoamérica*, México, Secretaría de Educación Pública, 1984, p. 93.

todas sus etapas. Construyeron asentamientos urbanos con monumentos arquitectónicos. En ciertos periodos dominaron a sus vecinos. En otros trabajos[5] he demostrado que los otopames mesoamericanos (los antepasados de los actuales otomíes, mazahuas, matlatzincas y ocuiltecos) habitaban los valles de México, Hidalgo, Toluca, Morelos, Puebla y Tlaxcala desde el cuarto milenio antes de Cristo. Este grupo probablemente creó los primeros centros urbanos de la región, incluyendo Cuicuilco (asentamiento importante del Preclásico Superior, que se desarrolló en el sur del Valle de México, hacia 500-150 a.C.) y Teotihuacan (poderosa metrópoli durante los periodos Protoclásico y Clásico, hacia 150 a.C.-750 d.C.). Los estudios lingüísticos, cotejados con los datos brindados por la arqueología y la etnohistoria, dejan pocas dudas al respecto.

Una explicación detallada de la prehistoria lingüística de los grupos otopames rebasa el alcance de este trabajo; me limitaré a presentar un resumen simplificado de los hechos. Existe una rama de la lingüística llamada glotocronología, que es un método léxico-estadístico que permite determinar hace cuántos siglos dos idiomas emparentados se separaron de un tronco común, o lengua ancestral de los dos. El tiempo se mide en siglos *mínimos* de divergencia.[6] Las fechas resultantes son poco precisas, pero para nuestros fines basta con una idea aproximada del tiempo transcurrido. Podríamos admitir un margen de error de cuatro o cinco siglos sin ver seriamente afectadas las conclusiones que se presentan a continuación.

Los estudios glotocronológicos nos dicen que hacia el año 5000 a.C., cuando los grupos de nómadas que habitaban el Altiplano

---

[5] Los siguientes trabajos, del autor de este libro, fueron presentados entre 1982 y 1995: *The Sixteenth Century Murals of the Augustinian Monastery at Ixmiquilpan, Hidalgo, Mexico*, tesis de maestría, San Miguel de Allende, Instituto Allende, 1982, p. 4; "La colonización..."; "Manuscritos otomíes del Virreinato", en *Códices y documentos sobre México, segundo simposio,* Salvador Rueda Smithers, Constanza Vega Sosa y Rodrigo Martínez Baracs, editores, México, Instituto Nacional de Antropología e Historia, 1997, pp. 437-462; "El papel de los otomíes en las culturas del Altiplano Central", en *Relaciones, Estudios de Historia y Sociedad* (El Colegio de Michoacán), vol. 18, núm. 72, otoño de 1997, pp. 225-242.

[6] Robert Longacre, "Sistematic Comparison and Reconstruction", en *Handbook of Middle American Indians*, vol. 5: *Linguistics*, 2ª reimp. de la 1ª ed., Norman McQuown, editor del vol., Austin, University of Texas Press, 1972, pp. 117-159; Morris Swadesh, "Lexicostatistic Classification", en *ibid.*, pp. 79-115.

Central estaban dando los primeros pasos tentativos hacia el cultivo de las plantas, había un idioma protootomangue, ancestral de muchas lenguas habladas hasta nuestro siglo, desde San Luis Potosí hasta Centroamérica, incluyendo el zapoteco y el mixteco. Hacia mediados del quinto milenio el idioma protootopame empezó a separarse del gran tronco protootomangue. El protootopame empezó a presentar divergencias internas hacia mediados del cuarto milenio, definiéndose poco a poco los idiomas protojonaz (ancestral del chichimeco jonaz de nuestros tiempos), protopame (ancestral de las lenguas pame del norte y pame del sur), protootomí-mazahua (ancestral del otomí y del mazahua), así como el protomatlatzinca-ocuilteco (del cual derivan el matlatzinca y el ocuilteco). El protopame empezó a ramificarse hacia el siglo II d.C.; el protootomí-mazahua se diversificó hacia el siglo V; el protomatlatzinca-ocuilteco se bifurcó hacia el siglo X. De esta manera, los idiomas de la rama otopame ya existían como lenguas diferenciadas durante el Posclásico Temprano (900-1200 d.C.).[7]

Cuando nos fijamos en la distribución espacial de los grupos otopames en el mapa (figura 2), podemos observar un hecho sumamente interesante: las lenguas que son más similares están juntas en el paisaje. Los matlatzincas y los ocuiltecos, estrechamente emparentados lingüísticamente, son vecinos en el sur del actual Estado de México. Lo mismo sucede con los otomíes y los mazahuas hacia el norte. Los chichimecos jonaces, los pames del sur y los pames del norte son los grupos más alejados de la rama otopame; viven en el norte, más allá de la frontera entre los agricultores mesoamericanos y los cazadores-recolectores chichimecas.

Ahora bien, si los otomíes y sus parientes lingüísticos mesoamericanos hubieran inmigrado desde el norte, después de la caída de Teotihuacan, como dicen ciertas fuentes nahuas y algunos académicos contemporáneos, ¿cómo es posible que se hayan asentado en los valles centrales, "siguiendo" una clasificación lingüística que ellos no conocían? Es evidente que estos grupos ya ocupaban sus territorios actuales, en términos aproximados,

---

[7] Nicholas A. Hopkins, "Otomanguean Linguistic Prehistory", en *Essays in Otomanguean Culture History*, J. Kathryn Josserand, Marcus Winter y Nicholas A. Hopkins, editores, Nashville, Vanderbilt University, 1984, p. 43, fig. 3.

desde antes de la diversificación interna del idioma protootopame, durante el cuarto milenio a.c. ¿Cuáles serían los restos arqueológicos de estos grupos? Deben de ser los restos encontrados en los valles centrales de los periodos Protoneolítico (5000-2000 a.C.), Preclásico (2000-150 a.C.), Protoclásico (150 a.C.-200 d.C.) y Clásico (200-900 d.C.). Tlapacoya, Tlatilco, Cuicuilco y Teotihuacan probablemente fueron sitios de los antiguos otopames mesoamericanos, aunque esta última ciudad indudablemente tuvo un carácter multiétnico, con barrios enteros de gente foránea, procedentes de Oaxaca, Veracruz y otras partes.[8]

La filiación étnica de los habitantes de la Mesoamérica marginal entre 500 a.C. y 900 d.C. es un problema de difícil solución. Se trata de una zona fronteriza. Varios grupos etnolingüísticos pudieron haber participado en los asentamientos agrícolas norteños: protonahuas, prototarascos, protopames, protootomí-mazahuas y protomatlatzinca-ocuiltecos. No podemos descartar la idea de una convivencia de varios de estos grupos en esta región septentrional.

La visión del pasado de los grupos otopames que he esbozado aquí sigue siendo polémica, por el tenaz arraigo de la "leyenda negra" mencionada. Los investigadores que se han fijado en la glotocronología de la rama otopame están conscientes de que los otomíes, mazahuas, matlatzincas y ocuiltecos tienen raíces muy antiguas en los valles centrales de México.[9] La integración de la información glotocronológica a los datos aportados por las fuentes documentales y a los estudios arqueológicos permite desechar

[8] Evelyn Childs Rattray, "El barrio de los comerciantes y el conjunto Tlamimilolpa: un estudio comparativo", en *Arqueología* (Dirección de Monumentos Prehispánicos, Instituto Nacional de Antropología e Historia), núm. 5, 1989, pp. 105-129; Evelyn Childs Rattray, "Los barrios foráneos de Teotihuacan", en *Teotihuacan, nuevos datos, nuevos síntesis, nuevos problemas*, Emily McClung de Tapia y Evelyn Childs Rattray, editoras, México, Instituto de Investigaciones Antropológicas, Universidad Nacional Autónoma de México, 1987, pp. 243-273; Ana María Crespo Oviedo y Alba Guadalupe Mastache de Escobar, "La presencia en el área de Tula, Hidalgo, de grupos relacionados con el barrio de Oaxaca en Teotihuacan", en *Interacción cultural en México central*, México, Instituto de Investigaciones Antropológicas, Universidad Nacional Autónoma de México, 1981, pp. 99-106.

[9] Herbert R. Harvey, "Cultural Continuity in Central Mexico: A Case For Otomangue", en *XXXV congreso internacional de americanistas, México, 1962, actas y memorias*, vol. 2, México, Instituto Nacional de Antropología e Historia, 1964, pp. 525-532; Leonardo Manrique Castañeda, "Relaciones entre las áreas lin-

buena parte de las hipótesis modernas sobre la ubicación espacial de los diferentes grupos étnicos durante los periodos anteriores al Posclásico. Los investigadores que no aprovechan estos datos lingüísticos están desperdiciando una fuente valiosa de información.

El origen de los nahuas

Los nahuas llegaron al Altiplano Central en tiempos relativamente tardíos, tal vez durante el siglo X, cuando se colapsaron los sitios de la Mesoamérica marginal. La lengua náhuatl no tiene la misma profundidad temporal en esta zona que los idiomas otopames. Pertenece a la rama aztecoide de la familia yutoazteca. Según los estudios glotocronológicos, el protonáhuatl empezó a diversificarse internamente hacia el siglo VI d.C., cuando se separó el pochuteco, idioma hablado en la costa de Oaxaca. El pipil, otra lengua emparentada con el náhuatl, parece haberse separado del tronco hacia el siglo IX; los pipiles migraron hasta Centroamérica. Otra separación lingüística se produjo hacia el siglo XI, cuando los dialectos tipo nahual del norte y occidente (estados de Sinaloa, Jalisco, San Luis Potosí y México) se separaron del náhuatl propiamente dicho, hablado en los valles centrales y en Guerrero. Las lenguas emparentadas con el náhuatl de una manera más lejana se encuentran en el noroeste, en los actuales estados de Jalisco y Nayarit, así como en buena parte de la región norte-central de México. Los parientes más cercanos de los nahuas son los huicholes y los coras. Estas lenguas se separaron

güísticas y las áreas culturales", en *XIII mesa redonda, balance y perspectiva de la antropología de Mesoamérica y del norte de México*, México, Sociedad Mexicana de Antropología, 1975, pp. 137-160; Joyce Marcus, "The Genetic Model and the Linguistic Divergence of the Otomangueans", en *The Cloud People, Divergent Evolution of the Zapotec and Mixtec Civilizations*, Nueva York/Londres, Academic Press, 1983, pp. 4-9; Michael Ernest Smith, *Postclassic Culture Change in Western Morelos, Mexico: The Development and Correlation of Archaeological and Ethnohistorical Chronologies*, tesis de doctorado, Urbana-Champaign, University of Illinois at Urbana-Champaign, 1983; J. Kathryn Josserand, Marcus C. Winter y Nicholas A. Hopkins, "Introduction", en *Essays in Otomanguean Culture History*, J. Kathryn Josserand, Marcus Winter y Nicholas A. Hopkins, editores, Nashville, Vanderbilt University, 1984, pp. 1-24; Nicholas A. Hopkins, "Otomanguean Linguistic Prehistory", en *ibid.*, pp. 25-64; Marcus C. Winter, Margarita Gaxiola G. y Gilberto Hernández D., "Archeology of the Otomanguean Area", en *ibid.*, pp. 65-108.

del protoaztecoide hace unos tres milenios.[10] Es importante recordar que las fechas glotocronológicas se expresan en siglos *mínimos* de divergencia y que son poco precisas y su margen de error puede ser de varios siglos.

Si los primeros inmigrantes nahuas hubieran llegado a los valles centrales de México antes del periodo Clásico, existiría mayor diversidad lingüística en esta zona, con varios idiomas distintos, derivados de una lengua ancestral de filiación yutoazteca, con una profundidad temporal mayor en la región. Tal como están las cosas, un conjunto de lenguas estrechamente relacionadas se hablaba desde Sinaloa, Jalisco y San Luis Potosí en el norte hasta El Salvador en el sureste. Esto indica una expansión relativamente reciente, llevada a cabo desde los siglos VI a IX d.C. (en el caso de los pochutecos y pipiles del sureste de México y el oriente de Centroamérica) y durante el Posclásico, a partir del siglo X d.C. (en los valles centrales de México). Los protonahuas probablemente se ubicaban en los actuales estados de Colima, Jalisco y Nayarit, y se extendían hasta la Mesoamérica marginal durante los periodos Preclásico, Protoclásico y Clásico (2000 a.C.-900 d.C.).

Una presencia nahua en los sitios de la Mesoamérica marginal explicaría la semejanza entre los materiales arqueológicos de algunos sitios septentrionales del Clásico y los restos materiales de la cultura tolteca del Posclásico Temprano en los valles centrales. La existencia en la zona del río Laja de un complejo cerámico "prototolteca" (incluyendo ollas tipo blanco levantado), antes de su aparición en Tula, sugiere que los toltecas pudieron ser, al menos en parte, nahuas que llegaron a los valles centrales después del colapso de los asentamientos de la zona septentrional. Faltan muchos estudios antes de comprender claramente las filiaciones lingüísticas de las diferentes culturas arqueológicas del

---

[10] Morris Swadesh, "Algunas fechas glotocronológicas importantes para la prehistoria nahua", en *Revista Mexicana de Estudios Antropológicos* (Sociedad Mexicana de Antropología), tomo 14, 1ª parte, 1956, pp. 173-192; Terrence Kaufman, *Idiomas de Mesoamérica*, Guatemala, Editorial José de Pineda Ibarra/Ministerio de Educación, 1974, p. 48; Lyle Campbell, "Middle American Languages", en *The Languages of Native America: Historical and Comparative Assessment*, Lyle Campbell y Marianne Mithon, editores, Austin/Londres, University of Texas Press, 1979, p. 969; Alvin H. Luckenbach y Richard S. Levy, "The implications of Nahua (Aztecan) Lexical Diversity for Mesoamerican Culture-History", en *American Antiquity* (Society for American Archaeology), vol. 45, núm. 3, julio de 1980, pp. 455-460.

norte de Mesoamérica. Tal vez los antropólogos físicos ayudarán en el futuro, con estudios comparativos del material genético extraído de restos óseos antiguos y modernos.

En cada colapso de la Mesoamérica marginal, parece que hubo una migración correspondiente de nahuas hacia los valles centrales de México. Alrededor del siglo X d.C. llegaron los nahuas que posteriormente se identificaron como "tolteca-chichimecas". Parece que fueron el grupo dominante del Estado tolteca durante el Posclásico Temprano (900-1200 d.C.). Cuando cayó Tula y fueron abandonados los asentamientos toltecas de Guanajuato, Querétaro y San Luis Potosí, llegaron nuevos grupos de inmigrantes nahuas, entre ellos los aztecas, quienes fundaron México Tenochtitlan durante la primera mitad del siglo XIV. Parece que llegaron también otros grupos, tal vez otopames, hacia el siglo XIII. (No hay consenso sobre la filiación lingüística de los llamados "chichimecas de Xólotl", los cuales figuran en las historias texcocanas; se ha especulado que pudieron ser pames.) A partir de 1428 surgió la Triple Alianza de Tenochtitlan, Tlacopan y Texcoco; se inició con ella un proceso vigoroso de expansión militar, que culminó en el llamado imperio mexica y que llevó a ciertos grupos de nahuas a la cima del poder y la riqueza.[11]

LOS TARASCOS

Los datos arqueológicos disponibles parecen indicar que durante el siglo X la zona septentrional de Michoacán recibió una inmigración de gente sedentaria. Estos colonizadores, quienes se asentaron primero en la región de Zacapu, probablemente hablaban la lengua tarasca. En este grupo etnolingüístico, los estudios glotocronológicos no ayudan a precisar su ubicación espacial en épocas remotas, pues la lengua tarasca no presenta afinidades importantes con otros idiomas mesoamericanos.[12]

---

[11] Véanse las tres obras de Nigel Davies: *The Toltecs until the Fall of Tula; The Toltec Heritage, from the Fall of Tula to the Rise of Tenochtitlan*, Norman, University of Oklahoma Press, 1980; *The Aztec Empire, The Toltec Resurgence*, Norman y Londres, University of Oklahoma Press, 1987.

[12] El tarasco se relaciona con la familia quechua-aymara de Sudamérica; sin embargo, se separó de las demás lenguas de esta familia en tiempos remotísimos, probablemente hace más de cinco o seis milenios. También presenta una tenue

La *Relación de Michoacán*, escrita por un fraile franciscano (¿Jerónimo de Alcalá?) hacia 1540, es una fuente etnohistórica de primera importancia para conocer el pasado de los tarascos. Ofrece una versión castellana de la tradición oral tarasca sobre sus migraciones, guerras y genealogías. En este sentido, es la historia oficial de un Estado, con la tendencia clásica a justificar el dominio de su grupo sobre los demás, y debe entenderse como tal. Según esta fuente documental, hubo asentamientos de agricultores y pescadores tarascos en la zona del lago Pátzcuaro desde el siglo XIII. Al mismo tiempo estaban llegando otros grupos, también tarascos, desde el norte. Estos cazadores y recolectores se llamaban uacúsechas. Paulatinamente fueron dominando a sus vecinos con mayor arraigo en la zona. También ejercieron presiones sobre los antiguos territorios de varios grupos otopames, los cuales vivían hacia el oriente. Los uacúsechas fundaron un poderoso y bien organizado Estado militar.[13]

Hay paralelos evidentes entre estos "chichimecas" tarascos y los aztecas, de habla náhuatl: ambos pueblos llegaron a sus regiones respectivas después de la caída de Tula, durante el segundo colapso de la Mesoamérica marginal; los dos grupos encontraron, cuando llegaron, pueblos que hablaban su misma lengua, que habían llegado desde el primer colapso de la zona septentrional, hacia el siglo X; tanto los uacúsechas como los aztecas asimilaron rasgos de las antiguas culturas que los habían precedido, y después se convirtieron en los grupos dominantes de sus regiones y crearon Estados militares o "imperios".

relación con la lengua zuni del suroeste de los Estados Unidos. Las relaciones con algunos idiomas mesoamericanos, como el matlatzinca, son igualmente remotas. Véanse: *Atlas cultural de México, lingüística*, Leonardo Manrique Castañeda, editor, México, Secretaría de Educación Pública/Instituto Nacional de Antropología e Historia/Grupo Editorial Planeta, 1988, p. 73; Swadesh, "Algunas fechas...", pp. 86-93.

[13] Alcalá, *La relación...* Véanse también las siguientes fuentes: Nicolás León, *Los tarascos, notas históricas, étnicas y antropológicas colegidas de escritores antiguos y modernos, documentos inéditos y observaciones personales, historia primitiva, descubrimiento y conquista*, facsímil de la edición de 1903, México, Editorial Innovación, 1986; Alfredo López Austin, *Tarascos y mexicas*, México, Fondo de Cultura Económica, 1981; Stanislawski, "Tarascan..."; Marcia Castro-Leal, Clara L. Díaz y María Teresa García, "Los tarascos", en *Historia general de Michoacán*, vol. 1: *Escenario ecológico, época prehispánica*, Fernando Guevara y Marcia Castro-Leal, coordinadores del vol., Morelia, Instituto Michoacano de Cultura, Gobierno del Estado de Michoacán, 1989, pp. 191-304; Dominique Michelet, "La parte centro

Los grupos nómadas y seminómadas

Más allá de las fronteras septentrionales de los Estados tarasco y mexica vivían, según hemos visto, los chichimecas. Esta designación no se refiere a un grupo lingüístico concreto, sino a una categoría humana ligada de alguna manera con las regiones septentrionales; su ambigüedad ha provocado bastante confusión en la interpretación de las fuentes etnohistóricas. Aquí usaré la palabra *chichimeca* en su sentido más usual durante el siglo XVI: pueblos indígenas que vivían más allá de la frontera septentrional de Mesoamérica, con vida nómada o seminómada. Los chichimecas hablaban varias lenguas de las familias yutoazteca (rama aztecoide) y otomangue (rama otopame). En general eran nómadas, subsistían de la caza y la recolección, aunque algunos grupos (los cazcanes, los zacatecos y los pames) sembraban y cosechaban maíz y otras plantas. Solían llevar poca ropa y vivían en cuevas o en chozas ubicadas en rancherías.[14] Los chichimecas que más nos interesan en el presente estudio, por el enfoque regional en los estados de Guanajuato y Querétaro, son los pames, los jonaces, los guamares y los guachichiles (figura 2).

Los pames habían sido influidos por la cultura mesoamericana, en virtud de los miles de años de contacto con sus vecinos mesoamericanos. Esto se nota especialmente en sus prácticas religiosas.[15] Cabe pensar en un vínculo más estrecho con los pueblos de agricultores mesoamericanos antes del siglo XII, momento en que ocurrió el segundo desplome de la Mesoamérica marginal. Viramontes ha detectado sitios que probablemente fueron ocupados por pames en el estado de Querétaro, cerca de la frontera con Hidalgo. Habitaban cuevas y abrigos rocosos, así como campamentos estacionales en espacios abiertos,

---

norte de Michoacán", en *ibid.*, pp. 155-167; Angelina Macías Goytia, "La cuenca de Cuitzeo", en *ibid.*, pp. 169-190; Helen P. Pollard, "Estudio del surgimiento del Estado tarasco: investigaciones recientes", en *Arqueología del occidente y norte de México*, Eduardo Williams y Phil C. Weigand, editores, Zamora, El Colegio de Michoacán, 1995, pp. 29-63.

[14] Philip Wayne Powell, *La Guerra Chichimeca (1550-1600)*, Juan José Utrilla, traductor, México, Fondo de Cultura Económica, 1977, pp. 48-68.

[15] *Relaciones geográficas del siglo XVI: México*, vol. 1, p. 102; Powell, *La Guerra Chichimeca...*, p. 245.

definidos por dispersiones de materiales líticos principalmente y cuyo indicador fundamental lo constituyen la presencia de fogones, muelas y manos. Éstos eran artefactos que los grupos seminómadas no podían llevar consigo, razón por la cual los dejaban en los lugares donde acostumbraban hacer el campamento cuando regresaban de acuerdo al ciclo de explotación que se llevase a cabo.

En otros sitios, clasificados como "unidades con manifestaciones en el nivel ideológico", el mismo investigador halló "pinturas rupestres y petrograbados que están claramente asociados a restos arqueológicos". También se han detectado sitios de donde extraían piedras y otros donde tallaban utensilios líticos.[16] Los pames ocupaban el extremo nororiental de Guanajuato (Xichú), parte de la Sierra Gorda queretana, la sierra del noroeste de Hidalgo (Zimapán, llegando hasta Ixmiquilpan y Metztitlán, pueblos de otomíes y nahuas), los valles del estado de Querétaro, y convivían con tarascos y otomíes en el sureste de Guanajuato (Yuriria, Cuitzeo y Acámbaro).[17]

Los jonaces eran nómadas del noreste de Guanajuato y de la Sierra Gorda queretana. Al parecer no habían asimilado tantos rasgos de la cultura mesoamericana como sus vecinos pames. Son difíciles de detectar en las fuentes documentales del siglo XVI, por la confusión que existe en los nombres de los diferentes grupos de chichimecas en esta zona. Aparecen con mayor claridad en los documentos del siglo XVIII, cuando la Sierra Gorda fue colonizada por los españoles. Subsisten algunos jonaces en la

[16] Carlos Viramontes Anzures, "La integración del espacio entre grupos de recolectores-cazadores en Querétaro", en *Cuadernos de Arquitectura Mesoamericana* (Facultad de Arquitectura, Universidad Nacional Autónoma de México), núm. 25, marzo de 1993, pp. 11-16; Carlos Viramontes Anzures, "La conformación de la frontera chichimeca en la marca del río San Juan", en *Tiempo y territorio en arqueología, el centro norte de México*, Ana María Crespo y Carlos Viramontes Anzures, coordinadores, México, Instituto Nacional de Antropología e Historia, 1996, pp. 23-35.

[17] Gonzalo de las Casas, "Noticia de los chichimecas y justicia de la guerra que se les ha hecho por los españoles", en *Quellen zur Kulturgeschichte des präkolumbischen Amerika*, 1ª reimp., Nueva York/Londres, Johnson Reprint, 1968, pp. 153 y 154; *Relaciones geográficas del siglo XVI, Michoacán*, p. 370; Heidi Chemin Bassler, *Los pames septentrionales de San Luis Potosí*, México, Instituto Nacional Indigenista, 1984, pp. 36-38; Powell, *La Guerra Chichimeca*..., p. 52; E. Fernando Nava L., "Los pames de San Luis Potosí", en *Etnografía contemporánea de los pueblos indígenas de México, región oriental*, México, Instituto Nacional Indigenista/Secretaría de Desarrollo Social, 1995, pp. 281-318.

Misión de los Chichimecas, cerca de San Luis de la Paz, Guanajuato.[18]

Los guamares ocupaban un territorio que abarcaba desde el río Lerma en el sur hasta San Felipe y Portezuelo en el norte, y hasta Lagos y Aguascalientes en el oeste. Estos nómadas vivían de la caza y la recolección. Se ubicaban inmediatamente al norte del territorio dominado por el Estado tarasco. Probablemente fueron los principales habitantes de la zona de San Miguel en tiempos precortesianos. Gonzalo de las Casas, escribiendo durante la Guerra Chichimeca en la segunda mitad del siglo XVI, describió a los guamares como "la nación más valiente y belicosa traydora y dañosa de todos los chichimecas y la más dispuesta, en los quales ay quatro o cinco parcialidades, pero todos de una lengua, aunque difiere[n] en algo".[19]

Los chichimecas con el territorio más grande fueron los guachichiles. Habitaban al oeste y al norte de los guamares, desde cerca del río Lerma en Jalisco, pasando por Lagos, hasta Mazapil en el norte, ocupaban el Tunal Grande de San Luis Potosí y llegaban hasta Río Verde en el oriente. Eran nómadas cazadores-recolectores que hablaban una lengua perteneciente a la rama aztecoide de la familia yutoazteca; eran parientes lingüísticos de los nahuas. Al oeste de los guachichiles quedaban los zacatecos y los cazcanes, que también fueron parientes de los nahuas.[20]

---

[18] Harold E. Driver y Wilhelmine Driver, *Ethnography and Acculturation of the Chichimeca-Jonaz of Northeast Mexico*, Bloomington, Indiana University, 1963; Yolanda Lastra, "Chichimeco Jonaz", en *Supplement to the Handbook of Middle American Indians*, vol. 2: *Linguistics*, Munro S. Edmonson, editor del vol., Austin, University of Texas Press, 1984, pp. 20-42; E. Fernando Nava L., "Los chichimecas", en *Etnografía contemporánea de los pueblos indígenas de México, región centro*, México, Instituto Nacional Indigenista/Secretaría de Desarrollo Social, 1995, pp. 9-46.

[19] *Relaciones geográficas del siglo XVI: Michoacán*, p. 371; Powell, *La Guerra Chichimeca...*, p. 52; Las Casas, "Noticia...", pp. 154 y 155.

[20] *Relaciones geográficas del siglo XVI: Michoacán*, p. 371; Powell, *La Guerra Chichimeca...*, p. 48; Rodríguez, *Les Chichimeques...*, p. 24; Las Casas, "Noticia...", pp. 155 y 156.

III. LA COLONIZACIÓN DEL BAJÍO DURANTE EL SIGLO XVI

HE DIVIDIDO la colonización de los estados de Guanajuato y Querétaro en cuatro etapas: *1)* la clandestina, cuando algunos grupos de otomíes llegaron a esta región para evitar el dominio de los europeos; *2)* la etapa de integración de los otomíes al sistema novohispano, cuando llegaron frailes, colonos españoles y otros grupos indígenas del sur; *3)* la etapa armada, que coincide con la Guerra Chichimeca, y *4)* la etapa de la posguerra, desde el cese de las hostilidades hasta mediados del siglo XVII. En la sección dedicada a cada etapa presentaré un panorama histórico general, seguido de los datos existentes sobre San Miguel. Así se podrá percibir cómo encaja el origen y desarrollo de este asentamiento humano en su entorno regional.

ETAPA CLANDESTINA (1521-1538)

La colonización otomí de la región septentrional, más allá de los límites de la provincia de Jilotepec y del antiguo territorio tarasco, empezó poco después de la conquista de Tenochtitlan. Algunas familias de otomíes penetraron en el territorio de los chichimecas para evitar el impacto traumático de la invasión española y poder seguir con sus tradiciones. Igual que la mayor parte de los fenómenos clandestinos, esta migración hacia el Bajío dejó pocas huellas en los documentos de la época. Décadas después, cuando los refugiados otomíes ya habían sido integrados al sistema político y económico de la Nueva España, aparecieron algunas menciones de esta colonización inicial en ciertos informes oficiales que fueron presentados ante las autoridades virreinales.

Algunos de los asentamientos nuevos más importantes estaban junto a los ríos del Bajío oriental. Vistos en un mapa, estos ríos tienen la forma de una L: el río Laja fluye desde Dolores

Hidalgo, en el norte, pasando cerca de San Miguel de Allende y de Comonfort (originalmente llamado Chamacuero). Los ríos Querétaro y Pueblito fluyen de oriente a poniente; y se juntan después, convirtiéndose en el río Apaseo. Éste se une con el río Laja cerca de Celaya. También se fundó un asentamiento clandestino junto al río San Juan, en el extremo suroriental del Bajío. Gracias a una breve mención en la *Relación geográfica de Querétaro*, escrita en 1582 para responder a un cuestionario oficial, sabemos que San Juan del Río fue poblado por un otomí de Jilotepec llamado, después de su bautizo, Juan Mexiçi, quien "acordó de retirarse hacia la tierra de los chichimecas" cuando los españoles se apoderaron de la provincia de Jilotepec.[1]

Otro de los pueblos establecidos por refugiados otomíes fue San Miguel (hoy San Miguel de Allende). Conni, un *pochtecatl* o comerciante otomí del pueblo de Nopala, en la provincia de Jilotepec, había mantenido relaciones comerciales con los chichimecas pames desde antes de la conquista. Traía ropa, tela, sal y otros artículos a las rancherías pames, donde los cambiaba por pieles, arcos y flechas. Cuando los invasores europeos se apoderaron de su región, Conni sacó provecho de su habilidad para entenderse con los pames. Reclutó a un grupo de otomíes, entre ellos a siete hermanos suyos y otros parientes, y se fue a vivir entre los chichimecas del Bajío oriental. Esto probablemente sucedió durante la década de 1521-1530. Conni fundó un asentamiento al oriente del río Laja, cerca del sitio definitivo de San Miguel.[2]

Algún tiempo después, tal vez hacia 1530-1535, Conni y algunos seguidores salieron del asentamiento en el río Laja y fueron a establecerse en la Cañada de Andamaxei, al oriente del Valle de Querétaro. Allí tuvieron relaciones amistosas con los pames de la zona, a los que daban parte de sus cosechas.[3]

---

[1] Wright Carr, *Querétaro en el siglo XVI...*, pp. 127 y 140.

[2] Wright Carr, *Conquistadores otomíes...*, pp. 36 y 37; Wright Carr, *Querétaro en el siglo XVI...*, pp. 73, 122, 123, 241, 242 y 246-251 (véanse los documentos núms. 10 y 14 en el apéndice documental del presente estudio).

[3] Wright Carr, *Querétaro en el siglo XVI...*, pp. 123 y 246 (véase el documento núm. 10 en el apéndice documental del presente estudio). Recientemente fueron publicados dos documentos, del Archivo de Notarías del estado de Puebla, que enriquecen el *corpus* de documentos del siglo XVI sobre los orígenes de Querétaro. Representan el punto de vista de un español y varios señores indígenas que tenían motivos económicos para destituir al gobernador otomí de Querétaro,

La versión tradicional acerca del origen de Querétaro habla de un gran ejército de guerreros otomíes y de la aparición de Santiago y otras personalidades celestiales, así como de una lucha sin armas contra los chichimecas, pero puede considerarse un mito nacido durante la época barroca. Este relato se encuentra en un documento, la *Relación de Nicolás de San Luis Montañez*, y fue inventado con base en la tradición oral de los descendientes de este cacique otomí varias generaciones después de su muerte. Este documento apócrifo ha hecho un daño enorme a la historiografía regional desde el siglo XVIII. Varios historiadores incautos lo han interpretado como si fuera un manuscrito del siglo XVI. Investigaciones recientes han demostrado que la práctica de elaborar documentos apócrifos fue un fenómeno más o menos generalizado en el centro de México hacia finales del siglo XVII y durante el XVIII. Era ésta una respuesta de los caciques indígenas a las presiones de las autoridades y los hacendados españoles para justificar con papeles sus derechos a tierras y aguas. La fabricación de códices y manuscritos llegaba incluso a ser a veces una actividad lucrativa para los escribanos más hábiles.[4]

Hernando de Tapia. Véase José Antonio Cruz Rangel, "Querétaro en los umbrales de la Conquista", en *Indios y franciscanos en la construcción de Santiago de Querétaro (siglos XVI y XVII)*, Querétaro, Gobierno del Estado de Querétaro, 1997, pp. 13-46.

[4] *Ibid.*, pp. 27-31. Sobre la elaboración de los documentos apócrifos por caciques indígenas, véanse los siguientes trabajos de Stephanie Wood: "Don Diego García de Mendoza Moctezuma: A Techialoyan Mastermind?", en *Estudios de Cultura Náhuatl* (Instituto de Investigaciones Históricas, Universidad Nacional Autónoma de México), vol. 19, 1989, pp. 245-268; "Pedro de Villafranca y Juana Gertrudis Navarrete: falsificador de títulos y su viuda (Nueva España, siglo XVIII)", en *Lucha por la supervivencia en la América colonial*, David G. Sweet y Gary B. Nash, editores; David Huerta y Juan José Utrilla, traductores, México, Fondo de Cultura Económica, 1987, pp. 472-485. Ejemplos de documentos obviamente apócrifos son los siguientes: Biblioteca del Congreso del Estado de Querétaro, *Real cédula de la fundación de Querétaro*; Biblioteca de la Presidencia Municipal de Jilotepec, *Códice de Jilotepec*; "Testimonio de los autos y diligencias hechas en el año de 1519 a 1531, la cédula real y merced para la posesión de las 500 varas de tierra del fundo legal en el Puerto de los Bárbaros, aparición de la Santísima Cruz y el Santo Cristo de la Conquista el día 14 de septiembre de 1531 años" (transcripción oficial, Presidencia Municipal de San Miguel de Allende, 1947). Otro documento que probablemente cabe en este grupo de documentos apócrifos es el "Testimonio de cédula de fundación de Querétaro", en *La Sombra de Arteaga, periódico oficial del Gobierno del Estado*, Querétaro, año XXVI, núm. 19, 30 de mayo de 1892, pp. 287-290. Un comentario interesante sobre la *Relación de Nicolás de San Luis* es el de Serge Gruzinski, "La memoria multilada: construcción del pasado y

Otro asentamiento clandestino de los otomíes pudo haber sido Apaseo el Bajo (hoy Apaseo el Grande). Hay poca información sobre los primeros momentos de este pueblo. Conni afirmó haber sido "el primero descubridor y poblador del Valle de Apaseo" en un documento oficial, aunque ninguno de los tres testigos preguntados sobre el asunto contestó afirmativamente.[5] Sabemos que en 1538 ya había indígenas allí, porque en ese año Hernán Pérez de Bocanegra, un español poderoso y bien conectado, recibió el pueblo en encomienda, junto con Acámbaro.[6] Era un sitio muy atractivo porque había allí un manantial importante que brotaba cerca del río Querétaro.[7] En la segunda mitad del siglo el pueblo tenía un gobernador otomí.[8]

Con esta colonización clandestina del Bajío oriental, algunos otomíes pudieron mantener su autonomía durante varios años, a pesar de la invasión española de su territorio ancestral. Establecieron varios asentamientos agrícolas, junto a ríos y manantiales; posteriormente dichos asentamientos fueron aprovechados por los españoles en la colonización de las tierras septentrionales.[9]

Etapa de integración de los otomíes al sistema novohispano (1538-1550)

A partir de 1538, más o menos,[10] se aceleró la expansión de ganaderos españoles y misioneros franciscanos hacia el norte. Esto

mecanismos de la memoria en un grupo otomí de la mitad del siglo XVII", en *La memoria y el olvido, segundo simposio de historia de las mentalidades*, México, Dirección de Estudios Históricos, Instituto Nacional de Antropología e Historia, 1985, pp. 33-46.

[5] Wright Carr, *Querétaro en el siglo XVI...*, pp. 243, 247, 248 y 251.
[6] *Ibid.*, p. 206.
[7] Michael E. Murphy, *Irrigation in the Bajío Region of Colonial Mexico*, Boulder, Westview Press, 1986, p. 48.
[8] Wright Carr, *Conquistadores otomíes...*, p. 38 (véase el documento núm. 14 en el apéndice documental del presente estudio).
[9] Karl W. Butzer, "The Bajío: Mexico's First Colonial Frontier", décimo-primera conferencia conmemorativa Sauer, University of California, Berkeley (manuscrito inédito), 2 de noviembre de 1989.
[10] Karl W. Butzer, "Haciendas, Irrigation and Livestock", en *Field Trip Guide, 1989 Conference of Latin Americanist Geographers*, William E. Doolittle, compilador, Austin, Department of Geography, University of Texas at Austin, 1989, p. 96; Butzer, "The Bajío..."; Wright Carr, *Querétaro en el siglo XVI...*, pp. 47-56.

tuvo como resultado la integración de los habitantes de los nuevos asentamientos otomíes al incipiente sistema político, social y económico de la Nueva España. Los otomíes perdieron su autonomía. Tuvieron que pagar tributo a los encomenderos y someterse al proceso de evangelización. Perdieron también buena parte de su patrimonio cultural. Tuvieron que adoptar el calendario ritual de los europeos. Después les impusieron la obligación de prestar su mano de obra en el sistema del repartimiento. La estructura política de las comunidades indígenas fue modificada. Se adoptó el sistema del "concejo de indios", que seguía el modelo del cabildo español. En cada pueblo había un gobernador, alcaldes, regidores y otros oficiales indígenas. Recibían salarios de los fondos comunales. Los cabildos de indios gobernaban a los indígenas de su jurisdicción, administraban las tierras comunales, recaudaban los tributos, cobraban los diezmos y castigaban a quienes no asistían a misa.[11]

Hernán Pérez de Bocanegra, como hemos visto, recibió las encomiendas de Acámbaro y Apaseo en 1538. Este empresario y funcionario español formó un verdadero feudo, comprando tierras alrededor de ambos pueblos. Entre 1542 y 1550 el virrey Mendoza concedió a Pérez de Bocanegra 18 mercedes, de caballería y media de tierra cada una, para él y para sus hijos.[12] Mendoza vio las tierras del norte como una oportunidad para fomentar la cría de ganado mayor y menor sin tener que enfrentarse a las quejas de los indígenas por los daños que los animales provocaban en sus siembras. En las tierras del norte, aptas para la ganadería, había pocos pueblos agrícolas. Mendoza también fue empresario ganadero. Poseía una estancia ganadera en Maravatío, al sureste de Acámbaro. El virrey tenía intereses personales en el asunto, como demuestra Ethelia Ruiz en su bien documentado libro sobre la política económica de la Segunda Audiencia y del virrey Mendoza.[13]

Hacia 1540 llegó Pérez de Bocanegra a Andamaxei, cerca del

[11] *Ibid.*, p. 70.
[12] Wright Carr, *Querétaro en el siglo XVI...*, pp. 205 y 206; Guillermo Porras Muñoz, *El gobierno de la ciudad de México en el siglo XVI*, México, Instituto de Investigaciones Históricas, Universidad Nacional Autónoma de México, 1982, p. 391.
[13] Ethelia Ruiz Medrano, *Gobierno y sociedad en Nueva España: Segunda Audiencia y Antonio de Mendoza*, Morelia/Zamora, Gobierno del Estado de Michoacán/El Colegio de Michoacán, 1991, pp. 162-174.

Valle de Querétaro. Exigió a Conni el pago de tributo en la forma de algodón, chile y trigo; para este último producto Pérez dejó semillas. Pronto hubo un conflicto con los pames del lugar. No aceptaban las negociaciones de Conni con el hombre blanco. El cacique otomí venció la oposición de sus vecinos chichimecas con regalos y palabras conciliatorias. Pérez de Bocanegra trajo un fraile franciscano de la provincia de Michoacán para doctrinar y bautizar a los indígenas. Conni recibió el nombre cristiano de Hernando de Tapia.[14] Los documentos primarios que he analizado no aportan el nombre del misionero; pudo haber sido fray Juan de San Miguel, quien fungía en ese tiempo como guardián del convento franciscano de Acámbaro.[15]

Llegaron muchos pobladores otomíes a Querétaro, atraídos por la noticia de los fértiles suelos y el agua en abundancia para regarlos. También llegaron algunos pobladores tarascos y nahuas. Se menciona a Querétaro en los documentos oficiales y en las mercedes otorgadas a los colonos españoles, a partir de 1542.[16] Durante la década de 1541-1550 (tal vez hacia el final de este lapso), Hernando de Tapia mudó el sitio de Querétaro desde la cañada hasta la llanura que está al poniente del Cerro de la Cruz, donde se hicieron acequias para regar las tierras de cultivo. Allí se trazó una retícula de calles y manzanas y se fundó el convento franciscano de Santiago.[17] En 1551 el virrey Velasco comisionó a un oficial para que asignara solares en Querétaro para las casas

[14] Wright Carr, *Querétaro en el siglo XVI...*, pp. 123 y 124.
[15] La evangelización inicial de Querétaro tradicionalmente ha sido asignada —sin evidencia sólida— a otros frailes, notablemente a Alonso Rangel y Jacobo Daciano. Véase David Charles Wright Carr, "¿Quién bautizó a Conni? Inicios de la evangelización en Querétaro", en *El Heraldo de Navidad* (Patronato de las Fiestas de Querétaro), 1991, pp. 19-22.
[16] Archivo General de la Nación, grupo documental Mercedes, vol. 1, exp. 360, ff. 168 r. y v.; vol. 2, exp. 192, f. 75 r.; exp. 193, ff. 75 r. y 76 r.; Wright Carr, *Querétaro en el siglo XVI...*, p. 51.
[17] Wright Carr, *Querétaro en el siglo XVI...*, pp. 125 y 137. Algunos documentos adicionales sobre el convento de Santiago en Querétaro pueden verse en los siguientes trabajos: María Concepción de la Vega M., "El convento de Querétaro a finales del siglo XVI", en *Indios y franciscanos en la construcción de Santiago de Querétaro (siglos XVI y XVII)*, Querétaro, Gobierno del Estado de Querétaro, 1997, pp. 173-220; Jaime Font Fransi, "Desarrollo y consolidación del conjunto conventual de San Francisco de la ciudad de Santiago de Querétaro durante el siglo XVII", en *Indios y franciscanos en la construcción de Santiago de Querétaro (siglos XVI y XVII)*, Querétaro, Gobierno del Estado de Querétaro, 1997, pp. 221-284.

de los españoles. Desde el año anterior el virrey había otorgado varias estancias ganaderas en los alrededores del pueblo. Otros españoles pusieron estancias sin autorización, perjudicando las sementeras de los indígenas.[18]

Un proceso similar se dio en San Miguel. Parece que Conni estuvo presente también en este pueblo cuando llegó fray Juan de San Miguel a introducir el Evangelio. Hay pruebas documentales de la mudanza de este cacique otomí, con un buen número de otomíes, de San Miguel a Querétaro, pero es imposible precisar la fecha. Evidentemente los dos pueblos tenían vínculos importantes desde los primeros tiempos. Este cacique declaró en 1571 que él "fue primero poblador y fundador con su gente de los naturales de San Miguel y adonde al presente fundada en la villa de San Miguel de [l]os españoles, tan necesaria a la comarca y fundó con sus amigos y pobladores el primer monasterio que hubo en ella..."[19]

No hay evidencia documental concreta sobre la fecha de la fundación del convento franciscano en San Miguel, pero el año tradicional de 1542 encaja bastante bien con lo que sabemos acerca de la expansión de los ganaderos y misioneros hacia el norte. La crónica franciscana de Alonso de la Rea, concluida en 1639, atribuye la fundación del pueblo a fray Juan de San Miguel. De las palabras de este cronista se puede inferir que el sitio original del asentamiento estaba a un cuarto de legua (aproximadamente 1 o 1.5 km) de distancia del centro histórico actual, hacia el poniente. La tradición local coloca el sitio primitivo de la población a una distancia mayor, a la orilla del río Laja.[20]

[18] Archivo General de la Nación, grupo documental Mercedes, vol. 3, ff. 178 v. y 179 r.; Silvio Zavala, *Asientos de la gobernación de la Nueva España (periodo del virrey don Luis de Velasco, 1550-1552)*, México, Archivo General de la Nación, 1982, pp. 86, 95, 96, 104 y 191; Peter Gerhard, *Síntesis e índice de los mandamientos virreinales, 1548-1553*, Stella Mastrangelo, traductora, México, Instituto de Investigaciones Históricas, Universidad Nacional Autónoma de México, 1986, pp. 370, 376, 377, 381 y 382 (documentos núms. 1616, 1647, 1650, 1666 y 1671); "*Y por mí visto...*", *mandamientos, ordenanzas, licencias y otras disposiciones virreinales del siglo* XVI, Carlos Paredes Martínez, editor, México/Morelia, Centro de Investigaciones y Estudios Superiores en Antropología Social/Universidad Michoacana de San Nicolás de Hidalgo, 1994, p. 60 (documento núm. 42).

[19] Wright Carr, *Querétaro en el siglo* XVI..., pp. 242, 246 y 251 (véase el documento núm. 10 en el apéndice documental del presente estudio).

[20] Alonso de la Rea, *Crónica de la Orden de N. S. Padre San Francisco, Provincia de San Pedro y San Pablo de Mechoacán [sic], en la Nueva España*, 3ª ed., Querétaro,

Desgraciadamente está perdida la *Relación geográfica de Chichimecas*. Seguramente contenía mucha información valiosa sobre San Miguel durante las primeras décadas de su existencia. Las relaciones geográficas, escritas hacia 1580 para contestar un cuestionario oficial, son fuentes riquísimas de información sobre la Nueva España en el siglo XVI.[21] Es probable que el cronista real de Indias, Antonio de Herrera y Tordesillas, haya aprovechado la *Relación geográfica de Chichimecas* para preparar su obra *Historia general de los hechos de los castellanos en las islas y tierra firme del mar Océano*, publicada en Madrid, en cuatro tomos, entre 1601 y 1615. Herrera usó extensamente las relaciones geográficas como fuentes para escribir su obra.[22] Es probable que los datos que él consigna sobre los orígenes de San Miguel se hayan tomado de la *Relación geográfica de Chichimecas*. En su *Historia general*, Herrera afirma que el pueblo se llama San Miguel "por una iglesia que fundaron unos religiosos franciscanos, que fueron de Xilotepec a aquel lugar y primero se llamaba Yzcuinapan, que quiere decir 'agua de perros'" (en náhuatl).[23] Esta afirmación contradice la crónica de De la Rea; fray Juan de San Miguel no procedía de Jilotepec, sino de Acámbaro.

El cronista franciscano fray Pablo Beaumont, quien escribió su obra en el siglo XVIII, transcribió un documento interesante, de 1597, con el testimonio del gobernador indígena de Xichú, Pedro Vizcaíno.[24] Éste fue sacristán en Acámbaro hacia 1540-1545,

Cimatario, 1945, p. 89. Sobre la tradición local acerca de una fundación en 1542, véase Francisco de la Maza, *San Miguel de Allende, su historia, sus monumentos*, 2ª ed., México, Frente de Afirmación Hispanista, 1972, p. 11.

[21] Howard F. Cline, "The *relaciones geográficas* of the Spanish Indies, 1577-1648", en *Handbook of Middle American Indians*, vol. 12: *Guide to Ethnohistorical Sources, part one*, Howard F. Cline, editor del vol., Austin, University of Texas Press, 1972, p. 195.

[22] Wright Carr, *Querétaro en el siglo XVI...*, pp. 85 y 98-99.

[23] Antonio de Herrera, *Historia general de los hechos de los castellanos en las islas y tierra firme del mar Océano*, 2ª ed., 4 vols., Madrid, Imprenta Real de Nicolás Rodríguez Franco/Francisco Martínez Abad, 1730, década 8, libro 10, cap. 22, p. 246; y vol. 10 de la edición moderna de Asunción de Paraguay, Editorial Guaranía, 1947, pp. 340-341. Este pasaje fue citado por dos frailes cronistas de la provincia franciscana de Michoacán: Isidro Félix de Espinosa, *Crónica de la provincia franciscana de los apóstoles San Pedro y San Pablo de Michoacán*, 2ª ed., México, Santiago, 1945, p. 144; Pablo Beaumont, *Crónica de Michoacán*, vol. 3, Morelia, Balsal, 1985-1987, pp. 201-203.

[24] Beaumont, *Crónica de Michoacán...*, vol. 3, pp. 202 y 203.

cuando fray Juan de San Miguel fungía como guardián del convento. Recientemente el manuscrito original fue encontrado en el Archivo Histórico "Manuel Castañeda Ramírez" (Casa de Morelos), en Morelia. Puesto que el documento original difiere de la versión de Beaumont, vale la pena reproducir aquí el pasaje que se refiere a San Miguel:

> dixo que abrá más de cinquenta años que este testigo estuvo por sacristán en el Pueblo de Acámbaro, a donde estava por guardián de el dicho Padre frai Juan de San Miguel, de la orden de San Francisco, el qual, teniendo noticia de la Guachichila en tierra de guerra, salió de este dicho convento de Acámbaro y vino a el pueblo de Querétaro y de allí passó trayendo consigo a este testigo y a otros muchachos y llegó al asiento donde agora es la Villa de San Miguel y allí tomó posesión y hizo una iglesia de xacal y en señal de possesión vino a este pueblo de Cichú y tomó possesión de él y después de este pueblo de Cichú se volvió a San Miguel y buelto dexó allí a este testigo y a otros muchachos que por ser pequeños no los llevó conssigo y entró la tierra adentro y con él fueron algunos yndios ya grandes y fue al Río Verde y andubo toda la tierra y después se volvió a la dicho Villa de San Miguel y de allí a el pueblo de Acámbaro, donde era guardián, y este testigo se quedó allí.[25]

Un fraile francés, Bernardo de Cossin, se quedó como guardián del nuevo convento en San Miguel. Hizo allí otra iglesia y un claustro, tal vez de materiales perecederos. Murió fray Bernardo, asesinado por los nómadas, en una visita a las tierras del norte.[26]

Es muy interesante la presencia de Pedro Vizcaíno, el joven "sacristán", y los "otros muchachos" de Acámbaro en la mencionada expedición de fray Juan de San Miguel. Un muchacho indígena que sirviera como sacristán tendría que ser uno de los alumnos de la escuela interna del convento de Acámbaro. Los niños y jóvenes de las escuelas internas conventuales eran, en

[25] Archivo Histórico "Manuel Castañeda Ramírez" (Casa de Morelos), Morelia, N. D., siglo XVII, leg. 100, 1697, citado en Alberto Carrillo Cázares, *Partidos y padrones del Obispado de Michoacán: 1680-1685*, Morelia/Zamora, Gobierno del Estado de Michoacán/El Colegio de Michoacán, 1996, p. 401.

[26] Beaumont, *Crónica de Michoacán...*, pp. 202 y 203. Según Gerónimo de Mendieta (*Historia eclesiástica indiana*, vol. 4, México, Chávez Hayhoe, 1945, p. 202) y Juan de Torquemada (*Monarquía indiana*, vol. 6, México, Instituto de Investigaciones Históricas, Universidad Nacional Autónoma de México, 1979, p. 439), Cossin fue martirizado en el Valle de Guadiana, Zacatecas.

toda la Nueva España, los principales agentes del cambio, que apoyaban estrechamente las campañas evangelizadoras y educativas de los frailes. En 1597 Pedro Vizcaíno fue gobernador de Xichú; esto sugiere que pertenecía a la clase alta. Probablemente era otomí, ya que Xichú fue poblado por miembros de este grupo lingüístico. Es factible que él y otros alumnos indígenas de Acámbaro hayan ayudado a enseñar a los indígenas en Querétaro y San Miguel, ya que era requisito saber la doctrina antes de recibir las aguas bautismales. También pudieron haber servido como intérpretes para el fraile, en caso de que éste no conociera la lengua otomí.[27]

Querétaro —todavía en su sitio original, en La Cañada— parece haber quedado como pueblo de "visita", quizá atendido por Cossin o por otro fraile de San Miguel. Cabe pensar en algún tipo de recinto bardeado, quizá con una capilla abierta, en La Cañada, probablemente donde está hoy la "iglesia chiquita". Un cacique otomí escribió, durante la segunda mitad del siglo XVII, que "los chimecos manzo beni a Sa Miguel el Grade a la dotrina [...] Fue primero pueblo en la villa de San Mi[guel] era sujeto en Querétaro".[28]

En 1543 el conquistador español Juan Jaramillo, encomendero de Jilotepec, recibió autorización del virrey Mendoza para hacer exploraciones en el territorio de los chichimecas. Consiguió mercedes de estancias ganaderas en la región de San Miguel.[29] Así es que la llegada del ganadero y la fundación de la misión son más o menos simultáneas. ¿Se trata de una coincidencia? Lo dudo. Ya vimos que el fraile llegó a Querétaro por la intervención directa de un encomendero y ganadero, Hernán Pérez de Bocanegra. También mencioné que es posible que el fraile que inició la evangelización en Querétaro haya sido fray Juan de San Miguel.

[27] Este párrafo se tomó de Wright Carr, "¿Quién bautizó a Conni?...", p. 21. Las fuentes originales son: Wright Carr, *Conquistadores otomíes...*, p. 64; Ciudad Real, *Tratado curioso...*, vol. 1, p. 138.
[28] Este párrafo también se tomó de Wright Carr, "¿Quién bautizó a Conni?..." La fuente original es Wright Carr, *Conquistadores otomíes...*, p. 36 (véase el documento núm. 14 en el apéndice documental del presente estudio). Sobre los espacios rituales cristianos en los pueblos novohispanos que no tenían conventos, véase Juan Benito Artigas, *Capillas abiertas aisladas de México*, 2ª ed., México, Facultad de Arquitectura, Universidad Nacional Autónoma de México, 1982.
[29] Wright Carr, *Querétaro en el siglo XVI...*, p. 201.

Hemos visto que Pérez de Bocanegra tenía las encomiendas de Apaseo el Bajo y Acámbaro desde 1538. En 1542 Pérez estableció una comunidad de tarascos en Apaseo. Concertó un pacto con los caciques indígenas, según el cual el encomendero tenía derechos sobre la mitad del agua del río. Hizo canales de riego y presas en el término de un año.[30] El convento franciscano de Apaseo fue fundado hacia 1574.[31] Hay una interesante relación, escrita por un cacique otomí, que describe la construcción del convento por órdenes del gobernador otomí Andrés Sánchez Eduhia. Se mencionan tierras comunales sembradas de trigo para pagar el tributo al encomendero y para mantener a los frailes.[32] Fray Antonio de Ciudad Real describió el pueblo en 1586, comentando que el convento era de adobe con techos de vigas y terrado. Los habitantes eran otomíes, tarascos, nahuas y nueve o 10 españoles.[33]

Durante la década de 1541-1550 se establecieron asentamientos de colonos otomíes, y de algunos pames, en la sierra del noreste del estado de Guanajuato y en el noroeste de Querétaro, en Xichú y Puxinquía.[34] Existen algunos datos documentales que hablan de estos pueblos serranos en el siglo XVI. Fray Juan de San Miguel pasó por Xichú y Río Verde hacia 1540-1545.[35] Hay menciones de Xichú y Puxinquía en un mandamiento del virrey Velasco de 1552.[36] Desde entonces Xichú tenía que pagar tributo de maíz; Puxinquía entregaba frijoles y chile. Otro documento del mismo año menciona a un corregidor de "los pueblos de Pucenquía y su partido" que fungía también como "justicia en [la provincia de] los Chichimecas".[37] En 1571 Juan Sánchez de Alanís era cura de Xichú. Él había tenido un papel clave en la incorporación de los otomíes de Querétaro al sistema novohispano. Sánchez de Alanís afirmó que había conocido a Conni desde antes de su bautizo,

[30] Murphy, *Irrigation*..., p. 9.
[31] *Relaciones geográficas del siglo XVI: Michoacán*, p. 65.
[32] Wright Carr, *Conquistadores otomíes*..., p. 38 (véase el documento núm. 14 en el apéndice documental del presente estudio).
[33] Ciudad Real, *Tratado curioso*..., vol. 2, p. 75.
[34] Peter Gerhard, *Geografía histórica de la Nueva España: 1519-1821*, México, Instituto de Investigaciones Históricas, Universidad Nacional Autónoma de México, 1986, p. 238; Chemin, *Los pames*..., p. 36.
[35] Beaumont, *Crónica de Michoacán*..., vol. 3, pp. 202 y 203.
[36] *El libro de las tasaciones de pueblos de la Nueva España*, Francisco González de Cossío, editor, México, Archivo General de la Nación, 1952, p. 296.
[37] Zavala, *Asientos*..., p. 420.

cuando éste vivía en San Miguel.[38] Ciudad Real describió el pueblo de Xichú en 1586. Tenía un convento de adobe, casas de adobe con techos de viguería y terrado, así como un presidio con cuatro soldados.[39]

El proceso de colonización del Bajío se aceleró de manera notable cuando se descubrieron las ricas vetas de plata en Zacatecas en 1546. Dos años después las minas estaban en plena producción. En 1550 ya había un camino para carretas entre México y Zacatecas. Hacia 1555 en Guanajuato se inició la actividad minera.[40] Se abrieron caminos y se inició la colonización intensiva de esta región. Mientras comenzaban las operaciones mineras, se extendieron las estancias ganaderas por la región. Las ventas se multiplicaron a lo largo del camino México-Zacatecas. Los pueblos ya existentes en aquella arteria, como Jilotepec, San Juan del Río, Querétaro y San Miguel, crecieron en importancia. Los virreyes Antonio de Mendoza y Luis de Velasco I controlaron buena parte de este proceso, otorgando mercedes según sus fines políticos y los intereses de un grupo de colonos españoles influyentes.[41]

En varios archivos se menciona la toma de posesión de la región por parte de los españoles en el año 1550. Antes de esta fecha, Mendoza había señalado a los indígenas los "términos y tierras donde habían de poblar" en San Miguel. No he visto el documento original, que quizá se haya perdido, pero se hace referencia a él en un manuscrito de 1552, conservado en la Biblioteca del Congreso en Washington. En esta fuente los indígenas se quejan de la ocupación de estas tierras por "otras personas", que "les molestan y hacen algunas vejaciones". Estos conflictos hacen patente la creciente importancia del pueblo, así

---

[38] Wright Carr, *Querétaro en el siglo XVI...*, pp. 244 y 249-251 (véase el documento núm. 10 en el apéndice documental del presente estudio).
[39] Ciudad Real, *Tratado curioso...*, vol. 1, p. 138.
[40] Powell, *La Guerra Chichimeca...*, pp. 26 y 27; David Charles Wright Carr, "Guanajuato," en *Field Trip Guide, 1989 Conference of Latin Americanist Geographers*, William E. Doolittle, compilador, Austin, Department of Geography, University of Texas at Austin, 1989, p. 130; Wigberto Jiménez Moreno, "La colonización y evangelización de Guanajuato en el siglo XVI", en *Cuadernos Americanos*, vol. 13, núm. 1, enero-febrero de 1944, p. 140. (La falta de un aparato crítico donde se indiquen claramente las fuentes de los datos aportados hace que este trabajo de Jiménez Moreno sea tratado con ciertas reservas en el presente estudio.)
[41] Powell, *La Guerra Chichimeca...*, pp. 26-46; Ruiz, *Gobierno...*, p. 346.

como la llegada de nuevos pobladores. El 2 de mayo de 1550, Mendoza concedió al "colegio" franciscano de San Miguel un sitio para una venta en el camino México-Zacatecas, a cinco leguas del pueblo. El mismo día, Cristóbal de Oñate recibió otro terreno para una venta, "cinco leguas adelante del sitio ya donado al colegio de San Miguel". Los días 2 y 7 del mismo mes, dos amigos del oidor Gómez de Santillán, ambos vecinos de la ciudad de México, recibieron mercedes de sitios para estancias de ganado mayor. Los beneficiarios fueron Hernando Hidalgo y Domingo de las Nieves. El mencionado oidor había hecho una "gira de inspección" poco tiempo antes. El 24 de mayo de 1550, Mendoza hizo merced de otra estancia de ganado mayor al norte de San Miguel, esta vez al convento de monjas de la Madre de Dios, de la ciudad de México. El 10 de septiembre del mismo año, Bartolomé Gómez recibió autorización para hacer una venta dentro de su estancia ganadera, la cual quedaba sobre el nuevo camino en su tramo Querétaro-San Miguel. Algunas de estas mercedes mencionan al franciscano fray Bernardo de Cossin, del convento sanmiguelense, el cual hacía las "diligencias" para averiguar si las mercedes causarían perjuicio a terceros. En un documento del 25 de octubre de 1550 se mencionan estancias ganaderas alrededor de San Miguel, propiedad de Juan de Jaso, Pedro de Sazedo [sic] y Diego de Ibarra. Se comisionó a Juan de Villagómez, "justicia en los Chichimecas", para hacer las diligencias sobre las 11 estancias que pedía el conquistador Juan Jaramillo, encomendero de Jilotepec y viudo de doña Marina, alias *la Malinche*. Jaramillo murió antes de la resolución de este trámite.[42]

Cuando llegaron muchos españoles a los pueblos otomíes en el Bajío oriental, ellos tuvieron sus propios cabildos,[43] con una estructura separada de los cabildos de indios, y fueron frecuentes los conflictos entre ambos grupos durante la segunda mitad del siglo XVI; las causas más usuales eran los daños a las siembras de los indígenas, causados por el ganado de los europeos, así como

---

[42] Archivo General de la Nación, grupo documental Mercedes, vol. 3, ff. 53 v.-55 r., 60 r. y v., 103 r., 178 v., 179 r. y 225 r. y v.; Zavala, *Asientos...*, p. 420; Gerhard, *Síntesis e índice de los mandamientos...*, pp. 366, 367, 370 y 372 (documentos núms. 1595-1598, 1616 y 1626).

[43] David Charles Wright Carr, "La vida cotidiana en Querétaro durante la época Barroca", en *Querétaro, ciudad barroca*, Querétaro, Secretaría de Cultura y Bienestar Social, Gobierno del Estado de Querétaro, 1988, pp. 23 y 24.

la explotación abusiva de la mano de obra indígena por los colonos españoles.[44]

ETAPA ARMADA (1550-1590)[45]

Los chichimecas no tardaron en reaccionar ante la colonización de sus territorios por parte de los españoles y los indígenas del sur. En 1550, guerreros zacatecos y guachichiles asaltaron a un grupo de mercaderes en el camino México-Zacatecas. Al año siguiente, los guamares de las sierras de Guanajuato atacaron primero a una estancia y luego al pueblo de San Miguel, causando su despoblamiento temporal. Powell nos habla del ataque de los guamares a San Miguel:

> [...] murieron catorce o quince personas y el ataque dio por resultado el abandono temporal del puesto avanzado de San Miguel, que para entonces (1551) ya contaba con una misión franciscana dedicada a la catequesis y enseñanza de los chichimecas, tarascos y otomíes pacíficos, así como con un hospital y un colegio que se mantenían con rentas y productos del ganado. Los chichimecas pacíficos de San Miguel se trasladaron a San Antón (hoy San Antón de las Minas, cerca de Dolores Hidalgo), entre San Miguel y las sierras de Guanajuato; otros colonos se trasladaron al Mezquital (la región que después correspondería a Celaya). En este caso los atacantes fueron copuces, un grupo de los guamares, encabezados por un caudillo llamado Carangano.[46]

---

[44] Archivo General de la Nación, grupo documental Mercedes, vol. 7, ff. 273 r. y v. (véase el documento núm. 5 en el apéndice documental del presente estudio); Archivo General de la Nación, grupo documental Mercedes, vol. 7, f. 281 v. (véase el documento núm. 8 en el apéndice documental del presente estudio); "Títulos de las villas de San Miguel el Grande (1559) y de San Felipe (1562)", J. Ignacio Rubio Mañé, editor, en *Boletín del Archivo General de la Nación*, 2ª serie, tomo 2, núm. 3, julio-septiembre de 1961, pp. 343-353; Zavala, *Asientos...*, pp. 94, 95, 96 y 420; Gerhard, *Síntesis e índice de los mandamientos...*, pp. 381 y 383 (documentos núms. 1666 y 1675); Murphy, *Irrigation...*, pp. 14 y 15; Wright Carr, *Querétaro en el siglo XVI...*, pp. 223, 224, 226, 229-232, 234, 236, 253-260 y 369-376.

[45] Este inciso incorpora algunos párrafos del texto que preparé para una posible segunda edición de mi libro *Conquistadores otomíes en la Guerra Chichimeca* (véase Wright Carr, *Conquistadores otomíes...*, pp. 20-23). Para una documentación bastante completa sobre esta guerra, véanse: Powell, *La Guerra Chichimeca...*, y Philip Wayne Powell, *Capitán mestizo: Miguel Caldera y la frontera norteña, la pacificación de los chichimecas*, Juan José Utrilla, traductor, México, Fondo de Cultura Económica, 1980.

[46] Powell, *La Guerra Chichimeca...*, p. 45.

El virrey Velasco mandó una expedición punitiva al mando de Hernán Pérez de Bocanegra, acompañado por Gonzalo Hernández de Rojas como capitán. La expedición duró desde el 13 de octubre de 1551 hasta el 13 de enero de 1552. Fueron 40 soldados, pagados por la Real Hacienda, equipados con caballos, ballestas y arcabuces. Alrededor de 1 000 guerreros tarascos, a las órdenes del gobernador indígena don Antonio, auxiliaron a los españoles en esta expedición, así como un contingente numeroso de tamemes o cargadores con las provisiones.[47]

No parece que Pérez haya logrado sus objetivos, porque nueve meses después hubo otra expedición, a cargo del licenciado Francisco de Herrera, oidor de la Real Audiencia. Duró del 1º de septiembre hasta el 31 de octubre de 1552. Fue similar a la expedición anterior; Powell describe esta fuerza armada: "34 jinetes (ballesteros y arcabuceros), al que se le unieron varios cientos de tarascos y otros guerreros indígenas, once estancieros y un gran número de tamemes". Se logró infligir un castigo severo a los chichimecas hostiles.[48]

Una tercera expedición fue enviada a los llanos de San Miguel el 30 de enero de 1553, con 40 soldados españoles, a las órdenes de Gonzalo Hernández de Rojas, quien fungía entonces como alcalde mayor de la provincia de los Chichimecas. Integraron la campaña un alférez, un escribano, un trompetero y un ejército de guerreros tarascos. El 4 de febrero el virrey comisionó a Rodrigo Maldonado, quien estaba terminando su periodo como alcalde mayor de Michoacán, para que mandara equipo y provisiones a la fuerza armada. Este alcalde también recibió instrucciones de mandar a los encomenderos y corregidores para que "vayan y envíen cada uno para con sus armas y caballo a punto de guerra para que en él sirvan a su majestad en lo que les fuere mandado".[49]

[47] Powell, *La Guerra Chichimeca*..., p. 76; Rosa Alicia Pérez Luque, *Catálogo de documentos para la historia de Guanajuato en el Archivo General de Indias*, Guanajuato, Archivo Histórico de Guanajuato, Universidad de Guanajuato, 1991, p. 31 (ficha 109); Zavala, *Asientos*..., pp. 273-277 y 280; Gerhard, *Síntesis e índice de los mandamientos*..., pp. 343, 345 y 379-381 (documentos núms. 1490, 1501, 1662-1664 y 1667); "*Y por mí visto*...", pp. 72-77 y 82 (documentos núms. 67, 69, 72, 73 y 83).
[48] Powell, *La Guerra Chichimeca*..., pp. 76 y 77.
[49] *Ibid.*, p. 77; Pérez Luque, *Catálogo*..., p. 21 (ficha 110); Gerhard, *Síntesis e índice de los mandamientos*..., pp. 390 y 391 (documentos núms. 1715, 1716, 1718, 1719 y 1721); "*Y por mí visto*...", pp. 137-140, 143 y 144 (documentos núms. 189, 193, 196, 197 y 206).

Así empezó la Guerra Chichimeca. Pronto se convirtió en una lucha cruel que duró cuatro decenios. San Miguel quedaba en plena tierra de guerra. Siguió siendo lugar de importancia estratégica para la lucha contra los chichimecas, hasta el cese de las hostilidades en 1590.

Durante los primeros años del conflicto, la administración española intentaba integrar a los chichimecas de la zona sanmiguelense al sistema político, económico y social que estaba surgiendo en la frontera septentrional de la Nueva España. El 6 de junio de 1551, el virrey Velasco mandó a Juan de Villagómez, todavía con el cargo de "justicia en los Chichimecas", a intentar que "los dichos chichimecas se tornasen cristianos y viniesen a la obediencia de su majestad, se congregasen y viviesen en policía en el pueblo de Sant Miguel".[50] El 8 de junio de 1553, Velasco amparó a ciertos chichimecas para que vinieran a asentarse en pueblos, sin ser maltratados "de los españoles e indios", y los exentó del pago de tributo durante un tiempo indeterminado. El 19 de agosto del mismo año, Velasco tuvo que amparar nuevamente a "ciertos chichimecas de su majestad". Éstos se mudaron de San Miguel y otros lugares a Querétaro, donde el gobernador indígena Hernando de Tapia (Conni) les repartió tierras, que pronto despertaron la codicia de otras personas.[51]

En algún momento se trasladó el asentamiento a la ladera de un cerro, cerca de un manantial, donde actualmente se encuentra el centro histórico de la ciudad de San Miguel de Allende. No he visto ninguna indicación precisa de la fecha de esta mudanza en los documentos del siglo XVI. El cronista De la Rea afirma que el traslado se hizo cuando llegaron varios colonos españoles:

> [...] después como fue creciendo la gente española y el sitio de San Miguel es muy propio para ganados se avecindaron, y se hizo una villa razonable, conservando el nombre del fundador y mudando el sitio de un cuarto de legua más arriba hacia el oriente, por la comodidad de las aguas [...] [52]

---

[50] Zavala, *Asientos...*, p. 377; Gerhard, *Síntesis e índice de los mandamientos...*, pp. 376 y 377 (documento núm. 1648); "Y por mí visto...", p. 61 (documento núm. 43).

[51] Gerhard, *Síntesis e índice de los mandamientos...*, pp. 392 y 393 (documentos núms. 1727 y 1733); "Y por mí visto...", pp. 148, 149 y 154 (documentos núms. 221 y 235).

[52] Rea, *Crónica...*, p. 89.

Hemos visto que hubo estancias ganaderas en San Miguel desde 1543. Las abundantes mercedes de 1550, ya mencionadas, señalan la llegada de muchos españoles a la zona, lo que coincide con el inicio del tránsito sobre el camino México-Zacatecas. Del 21 de marzo de 1551 hay mercedes de tres estancias ganaderas y dos terrenos para el cultivo, de caballería y media cada una, todo ello para Juan de Jaso.[53] En diciembre del mismo año el virrey Velasco concedió al tesorero de la Real Hacienda, Juan Alonso de Sosa, una estancia para ganado mayor al norte de San Miguel, cerca de otra estancia propiedad del hospital del pueblo.[54] (Sobre el desempeño de Sosa como tesorero, Ethelia Ruiz señala que hubo sospechas de manejos turbios de los fondos reales. Fue destituido del cargo por orden real en 1553.)[55] En 1552 se concedieron varias mercedes cerca de San Miguel. El 30 de enero, Diego de Ribera recibió una estancia para ganado mayor, sobre el río Laja, al norte del pueblo. Junto a la estancia tenía caballería y media de tierra para sembrar. El 27 de abril, el medio hermano del virrey, Francisco de Velasco, recibió las mercedes de 11 sitios para estancias ganaderas en la región. Estas tierras habían sido de Juan Jaramillo, recién fallecido. Ya hemos visto que antes de que se confirmara su posesión de las estancias, Jaramillo murió. Su viuda, Beatriz de Andrada, se casó con Francisco de Velasco hacia 1552; de esta manera las 11 estancias cayeron en manos del hermanastro del virrey.[56] Otros beneficiarios de mercedes de estancias en la zona de San Miguel durante 1552 fueron la viuda (María de Mendoza) y los hijos del conquistador Luis Marín, así como Francisco de Rincón.[57] Es de particular interés una merced

[53] Zavala, *Asientos...*, p. 69; Gerhard, *Síntesis e índice de los mandamientos...*, pp. 374 y 375 (documentos núms. 1635-1639); *"Y por mí visto..."*, pp. 44 y 45 (documentos núms. 11-15).
[54] Zavala, *Asientos...*, p. 109; Gerhard, *Síntesis e índice de los mandamientos...*, p. 382 (documento núm. 1672).
[55] Ruiz, *Gobierno...*, pp. 127 y 128.
[56] Zavala, *Asientos...*, pp. 118, 128 y 129; Gerhard, *Síntesis e índice de los mandamientos...*, pp. 383-385, 387, 388 y 389 (documentos núms. 1676, 1681, 1694, 1701 y 1707); *"Y por mí visto..."*, pp. 86, 97, 98, 105, 114, 118, 119 y 123 (documentos núms. 90, 112, 117, 118, 135, 149 y 159). Sobre Jaramillo, Andrada y Francisco de Velasco, véanse Porras, *El gobierno...*, pp. 252 y 328; Wright Carr, *Querétaro en el siglo XVI...*, pp. 200-202.
[57] Gerhard, *Síntesis e índice de los mandamientos...*, p. 388 (documentos núms. 1702, 1703 y 1703 bis); *"Y por mí visto..."*, p. 119 (documentos núms. 150-152). Sobre Luis Marín y sus herederos, véase Porras, *El gobierno...*, pp. 349-353.

que se conserva en la Biblioteca Newberry en Chicago, del 8 de agosto de 1553, "de un sitio para venta más caballería y media de tierra en términos del pueblo de San Miguel", concedida a Juan Sánchez de Alanís, uno de los personajes claves en la colonización del Bajío.[58] Entre 1554 y 1567 se otorgaron docenas de mercedes en San Miguel, muchas de las cuales incluían una estancia ganadera, tierras de riego y un solar en el pueblo. Estas mercedes fueron más generosas que las que concedía el virrey en otras partes del Bajío.[59] Parece que uno de sus objetivos políticos fue atraer muchos españoles al lugar, asegurando así su defensa contra los ataques de los chichimecas.

Pronto empezaron los conflictos entre los recién llegados españoles y los indígenas sanmiguelenses. El 8 de enero de 1552 se expidió un mandamiento del virrey Velasco, en el cual se ordena a los españoles que no monopolizaran el molino de trigo, construido por los frailes para el uso de los naturales. Los españoles aprovechaban este molino durante semanas enteras, moliendo trigo para vender a los mineros en Zacatecas.[60]

Existen algunos datos escuetos acerca del convento franciscano de San Miguel Arcángel durante esta etapa. El 6 de junio de 1551 se estaba construyendo, de piedra, un "monasterio de San Francisco" en el pueblo.[61] El historiador local Miguel Malo habla de un documento del Archivo General de la Nación, de 1552, que menciona a "fray Ángel" como guardián del convento franciscano. El documento habla del trueque de una estancia, propiedad del hospital de San Miguel, por otra del tesorero de la Real Ha-

---

[58] Gerhard, *Síntesis e índice de los mandamientos...*, p. 393 (documento núm. 1732); "*Y por mí visto...*", p. 152 (documento núm. 231). Sobre Juan Sánchez de Alanís, véase Wright Carr, *Querétaro en el siglo XVI...*, pp. 33, 35-37, 44, 47, 49-51, 55, 58, 60, 65, 73, 125, 136, 137, 208, 224, 233, 234, 244, 245, 249 y 251 (véase también el documento núm. 10 en el apéndice documental del presente estudio).

[59] Butzer, "The Bajío..." Como ejemplos el lector puede consultar las mercedes siguientes, ambas de 1564: Archivo General de la Nación, grupo documental Mercedes, vol. 7, f. 271 v. (véase el documento núm. 4 en el apéndice documental del presente estudio); Archivo General de la Nación, grupo documental Mercedes, vol. 7, ff. 277 r. y v. (véase el documento núm. 6 en el apéndice documental del presente estudio).

[60] Zavala, *Asientos...*, p. 420; Gerhard, *Síntesis e índice de los mandamientos...*, p. 383 (documento núm. 1675).

[61] Zavala, *Asientos...*, p. 377; Gerhard, *Síntesis e índice de los mandamientos...*, pp. 376 y 377 (documento núm. 1648); "*Y por mí visto...*", p. 61 (documento núm. 43).

cienda, Juan Alonso de Sosa. En este manuscrito se menciona la presencia en San Miguel de "indios que entienden y hablan la lengua mexicana [náhuatl] y hay tarascos y otomíes y chichimecas blancos". Hay otro documento sobre el mismo trueque, que está en la Biblioteca del Congreso en Washington; en él, el guardián del convento franciscano se llama "fray Miguel".[62]

El 15 de diciembre de 1555 el virrey Velasco ordenó la creación de una villa de españoles en San Miguel, con un propósito básicamente militar. Él iba a supervisar el proyecto personalmente, pero una enfermedad lo inmovilizó en Apaseo. Comisionó al capitán Ángel de Villalfañe para fundar el pueblo defensivo, asignando solares para casas, estancias, tierras para cultivos y huertos a 50 colonos españoles. Las tierras de los españoles estaban aparte de las tierras que ocupaban ya los indígenas. Tres días después, estando en Querétaro, el virrey mandó que las autoridades de Guango, Cuitzeo, Acámbaro y Querétaro enviasen un total de 50 indígenas para trabajar en la construcción del pueblo. También comisionó a Villalfañe para que anulara todas las estancias que estaban en un radio de tres leguas alrededor del pueblo. El mismo día se nombraron los gobernadores indígenas: uno para los otomíes, don Juan de San Miguel, y otro para los chichimecas y tarascos, don Domingo.[63]

El 17 de diciembre de 1559 el virrey Velasco otorgó el título de villa a San Miguel, con órdenes a los colonos españoles de que debían organizar un cabildo el día 1º de enero de 1560. De esta manera el asentamiento fronterizo fue integrado al sistema político virreinal.[64] Cito un extracto del documento:

---

[62] El documento encontrado por Miguel Malo se cita en Maza, *San Miguel...*, p. 31. Este dato sólo se encuentra en la segunda edición de este libro, en una nota de pie de página. Se señala la fuente: Archivo General de la Nación, grupo documental Tierras, vol. 359, exp. 2, ff. 1 r.-7 v. El documento sobre el mismo tema en la Biblioteca del Congreso se resume en los siguientes libros: Zavala, *Asientos...*, pp. 126 y 127; Gerhard, *Síntesis e índice de los mandamientos...*, pp. 383 y 384 (documento núm. 1678).

[63] Archivo General de la Nación, grupo documental Mercedes, vol. 4, ff. 286 r.-287 r. (véase el documento núm. 1 en el apéndice documental del presente estudio); "Títulos de las villas...", p. 339; Powell, *La Guerra Chichimeca...*, pp. 80 y 81.

[64] Archivo General de la Nación, grupo documental Media anata, vol. 35, ff. 244 r.-249 v. (véase el documento núm. 2 en el apéndice documental del presente estudio); "Títulos de las villas...", pp. 335-349.

Yo (don Luis de Velasco, visorrey), etcétera, por quanto de pocos días a esta parte, con mi lisencia se han hido a poblar algunos vecinos españoles al citio e parte que disen San Miguel que es en la provincia de Xilotepeque y Chichimecas y en el camino real que ba de esta ciudad de México a las minas de Zacatecas, a los quales porque poblasen en la parte sobredicha y para la seguridad del dicho camino y se evitasen las muertes y rovos que han hecho y hacen los chichimecas y guachichiles, se les han dado tierras, huertas, solares donde puedan haser sus casas, tener otras grangerías con siertas condiciones y por ser como es el dicho citio e población tan bueno y que en él concurren las calidades que se requieren para poder haser y perpetuarse en él, un pueblo de españoles, han ocurrido más vecinos a la dicha población y se espera que cabrá en él perpetuidad, de lo qual Dios nuestro señor y su magestad será servido, assí por no haver como no ay en la comarca otro pueblo de españoles y ser tan nesesario para la pasificación de los dichos yndios chichimecas y evitar los daños que han susedido y podrán suseder en los dichos caminos. Y para que en él haya buen govierno y los vecinos tengan quien les administre justicia y conoscan de los pleitos e causas que entre ellos sucedieren, conviene que se nombren alcaldes y regidores. Por la presente, en nombre de su magestad, hasta tanto que otra cosa sea servido de proveer y mandar, mando que el dicho pueblo de San Miguel se intitule la villa de San Miguel y como tal villa los vecinos de ella gosen de las preeminencias y exempciones que pueden y deven gosar y gosan los vecinos de las otras villas de los reynos y señoríos de su magestad [...]

En julio de 1561 el virrey Velasco mandó instrucciones al alcalde mayor de la provincia de Jilotepec (la cual incluía los pueblos del camino a Zacatecas desde Jilotepec hasta San Miguel) de entregar a los vecinos de San Miguel "dos cavallerías de tierra en la demarcación de los yndios", así como un solar para una venta en la orilla de la villa y cuatro solares para hacer casas.[65]

Según Gerhard, Ángel de Villalfañe desempeñó el cargo de alcalde mayor de San Miguel en 1555, pero no duró mucho tiempo en el cargo. En 1559, cuando el virrey Velasco expidió el título de villa a San Miguel el Grande, este asentamiento todavía pertenecía a la alcaldía mayor de "la provincia de Xilotepeque y Chichimecas". En el párrafo anterior vimos que en 1561 San Miguel dependía todavía de la alcaldía mayor de Jilotepec. Un poco des-

[65] Archivo General de la Nación, grupo documental Media anata, vol. 35, ff. 248 r. y v. (véase el documento núm. 2 en el apéndice documental del presente estudio).

pués de la fundación de la villa de San Felipe, en 1562, se erigió otra vez una alcaldía mayor para esta región específica; abarcaba las nuevas villas de San Miguel el Grande y San Felipe.[66] De principios de 1564 hay dos mandamientos del virrey Velasco, expedidos para resolver el conflicto entre el estanciero Gaspar Salvago y el cabildo de San Miguel. Las dos partes peleaban el derecho de explotar la mano de obra de ciertos indígenas residentes del Valle de Chamacuero (hoy Comonfort), el cual caía dentro de la jurisdicción de San Miguel. Salvago alegaba que él tenía el derecho de aprovechar a los indígenas porque vivían en sus dos estancias; los oficiales de la villa insistían en que los indígenas estaban dentro de los límites jurisdiccionales de la villa, por lo cual debían trabajar en las obras públicas. El virrey falló en favor de los oficiales de la villa.[67]

Ciertos documentos hablan de actividades económicas, además de la agricultura y la ganadería, en la villa de San Miguel. El 9 de mayo de 1560 el virrey concedió un sitio para hacer un batán al vecino Alonso Moreno Morezón. Los batanes, máquinas movidas por agua, se usaban en las tenerías y en la producción textil.[68] El 1° de febrero de 1564 el virrey autorizó a ciertos caciques indígenas de San Miguel para aprovechar unas salinas que ellos habían establecido en el Valle de Chamacuero.[69] En 1587 el padre Juan Alonso Velázquez, cura beneficiado de la villa de San Miguel, denunció al virrey la existencia de minas de plata y cobre, sin señalar su ubicación precisa. Sugirió que se establecieran hacien-

[66] Peter Gerhard, *Geografía histórica...*, p. 244; y *A Guide to the Historical Geography of New Spain*, Cambridge, Cambridge University Press, 1972, p. 238; Archivo General de la Nación, grupo documental Media anata, vol. 35, ff. 246 r. y 247 r. (véase el documento núm. 2 en el apéndice documental del presente estudio).

[67] Archivo General de la Nación, grupo documental Mercedes, vol. 7, ff. 280 r. y v. (véase el documento núm. 7 en el apéndice documental del presente estudio); e *ibid.*, f. 281 v. (véase el documento núm. 8 en el apéndice documental del presente estudio).

[68] Maza, *San Miguel...*, p. 17. Para la definición del término *batán*, véase María Teresa Martínez Peñaloza, *Vocabulario de términos en documentos históricos*, 2ª reimp., México, Archivo General de la Nación, 1984, p. 16.

[69] Archivo General de la Nación, grupo documental Mercedes, vol. 7, ff. 282 v. y 283 r. (véase el documento núm. 9 en el apéndice documental del presente estudio). Sobre las salinas en esta región, recomiendo la consulta del artículo de Eduardo Williams, "Producción de sal en la cuenca de Cuitzeo, Michoacán", en *Arqueología Mexicana* (Editorial Raíces/Instituto Nacional de Antropología e Historia), vol. 5, núm. 27, septiembre-octubre de 1997, pp. 66-71.

das de fundición para acuñar monedas de vellón (una aleación de plata y cobre). Las monedas servirían para pagar a los soldados. El clérigo opinaba que se debía aprovechar de esta manera la mano de obra de los esclavos chichimecas tomados en la guerra.[70]

Los franciscanos abandonaron su convento en San Miguel para aprovechar sus escasos recursos humanos en poblaciones más grandes de la provincia de Michoacán.[71] El cierre del convento probablemente fue antes de 1563; a principios de este año, Vasco de Quiroga, obispo de Michoacán, nombró a un clérigo secular para enseñar la doctrina a los indígenas de San Miguel.[72] Los franciscanos no regresaron a la villa de San Miguel el Grande hasta el siglo siguiente. Volvieron a fundar el convento sanmiguelense, esta vez bajo la advocación de san Antonio de Padua, entre 1606 y 1639.[73]

El 19 de noviembre de 1578 el virrey Enríquez mandó que cualquier indígena que matara ganado, aparte de tener que pagar los daños al dueño, debía laborar en la obra de la iglesia que se estaba edificando en la villa de San Miguel el Grande.[74] Mina Ramírez

---

[70] Pérez Luque, *Catálogos...*, pp. 10 y 11 (ficha 36).
[71] Rea, *Crónica...*, p. 89.
[72] La libranza se encuentra en Archivo General de la Nación, grupo documental Mercedes, vol. 7, f. 269 v. (véase el documento núm. 3 en el apéndice documental del presente estudio). En una versión más antigua del presente texto (David Charles Wright Carr, "La conquista del Bajío y los orígenes de San Miguel de Allende", en *Memorias de la Academia Mexicana de la Historia*, tomo 36, 1993, pp. 251-293), dije que el cierre del convento franciscano de San Miguel fue "probablemente antes de 1564, porque en aquel año un clérigo secular enseñaba la doctrina a los indígenas sanmiguelenses". En realidad, se puede precisar la fecha un poco más, porque la citada libranza dice que en enero de 1564 "él [sacerdote] había servido tiempo de un año en la instrucción de los naturales de la dicha villa por nombramiento del dicho obispo [de Michoacán]", por lo cual debió de haber llegado el padre desde enero de 1563. La libranza no especifica el nombre del obispo de Michoacán, pero sabemos que Vasco de Quiroga tuvo este cargo de 1536 a 1565. Véase José Gutiérrez Casillas, *Historia de la Iglesia en México*, 2ª ed., México, Porrúa, 1984, pp. 56 y 80. Francisco de la Maza, sin señalar su fuente, afirma que "El curato de San Miguel fué erigido en 1564 por el Illmo. señor don Vasco de Quiroga, a quien correspondía por pertenecer la villa al obispado de Michoacán y lo confirió a un sacerdote secular" (Maza, *San Miguel...*, p. 27). Es posible que Maza estuviera viendo la misma libranza que hemos analizado, sin haberse fijado en el hecho de que el sacerdote ya llevaba un año en San Miguel.
[73] Rea, *Crónica...*, p. 99. La presencia de un convento franciscano en San Miguel en 1639 está confirmada en otro documento: Newberry Library, Chicago, Ayer Collection, ms. 1106C, 3, f. 132 r. (véase el documento núm. 12 en el apéndice documental del presente estudio).
[74] Archivo General de la Nación, grupo documental Ordenanzas, vol. 2, ff. 219 v.

supone que esta iglesia es la misma que amenazaba ruina en 1690, de acuerdo con un dictamen técnico levantado en aquel año.[75] Sin embargo, en 1649 la primitiva parroquia sanmiguelense ya se había caído y estaba en construcción una iglesia nueva, según un documento eclesiástico en la Newberry Library de Chicago.[76]

La ubicación precisa de las sucesivas parroquias es problemática, especialmente cuando tomamos en cuenta que hubo un cambio en el polo urbanístico principal durante la primera mitad del siglo XVIII. La antigua Plaza de la Soledad fue el espacio urbano más importante de la villa durante el siglo XVII. Se trata de la gran explanada donde hoy se localizan —de occidente a oriente— la iglesia oratoriana de San Felipe Neri, el claustro de los padres felipenses, la iglesia de Nuestra Señora de la Salud y el ex colegio de San Francisco de Sales, todos ellos construidos en el siglo XVIII. Durante el siglo XVII y principios del XVIII estaban en esta plaza las antiguas casas reales, con las oficinas del ayuntamiento, la cárcel y la alhóndiga. Fue hasta 1738 cuando las casas reales fueron trasladadas a la actual Plaza Allende.[77] Por esta situación cabe la posibilidad de que uno o más de los templos parroquiales mencionados hayan estado también en la Plaza de la Soledad.

Ya mencioné la fundación de una villa de españoles e indígenas en San Felipe, el 1° de enero de 1562, para asegurar aquel tramo del camino México-Zacatecas. Esta fundación dio mayor seguridad también a la villa de San Miguel el Grande, que había sido víctima de los ataques de los chichimecas. Hubo un convento franciscano en San Felipe desde 1563. Según Gerhard, éste

y 220 r. (véase el documento núm. 11 en el apéndice documental del presente estudio).

[75] Mina Ramírez Montes, "La parroquia de San Miguel de Allende", en *Anales del Instituto de Investigaciones Estéticas* (Instituto de Investigaciones Estéticas, Universidad Nacional Autónoma de México), vol. 14, núm. 55, 1986, pp. 97-106. Ramírez cita documentos del Archivo General de la Nación, grupos documentales Reales cédulas duplicadas (vols. 55 y 63) e Iglesia (vol. único).

[76] Newberry Library, Chicago, Ayer Collection, ms. 1106A, f. 44 v. (véase el documento núm. 13 en el apéndice documental del presente estudio).

[77] Archivo General de la Nación, grupo documental Tierras, vol. 582, exp. 7; Luis Felipe Nieto Gamiño, *Historia de cuatro monumentos relevantes de la plaza principal de San Miguel de Allende*, informe de actividades del año sabático, San Miguel de Allende (manuscrito inédito), 1992.

"fue luego entregado a los agustinos y finalmente (hacia 1573) devuelto a los franciscanos, quienes continuaron allí hasta ser reemplazados por el clero secular entre 1743 y 1770".[78]

No he visto información documental sobre cuándo los otomíes se establecieron en Chamacuero, en el río Laja, al sur de San Miguel. Tal vez fue durante la etapa clandestina, antes de 1538. A más tardar fue hacia mediados del siglo XVI. Un documento escrito por un cacique otomí en el siglo XVII menciona a un capitán otomí, don Juan Martín, que tenía sujetas las rancherías circunvecinas de chichimecas durante la segunda mitad del siglo XVI. También nos habla del fracaso del juez de congregaciones, Francisco López Tamayo, quien no logró congregar en un pueblo de traza reticular a la población indígena, porque ésta tenía un patrón de asentamiento disperso y porque "ya estaban hechos sus pueblos".[79] Este manuscrito habla también del asesinato de dos franciscanos, a manos de los chichimecas, cerca de Chamacuero. El sacerdote de San Miguel, asustado, dejó de atender a los feligreses en este pueblo vecino. A partir de entonces, los franciscanos de Apaseo se encargaron de administrar los sacramentos a los indígenas de Chamacuero.[80] Esta historia se confirma en las crónicas de Mendieta[81] y Espinosa.[82] Mendieta nos informa que esta matanza sucedió en tiempos del virrey Enríquez (1568-1580). Estos relatos se relacionan con las tradiciones locales sobre el origen de los "Señores de la Conquista", imágenes de pasta de caña que hay en las parroquias de San Miguel de Allende y San Felipe.

Durante esta etapa se fundaron nuevos asentamientos en el Bajío, la mayoría de los cuales tenía habitantes otomíes, junto con otros grupos de indígenas y españoles. Pénjamo se estableció

[78] Gerhard, *Geografía histórica*..., p. 245; Gerhard, *A Guide to the Historical Geography*..., p. 238. En la edición española de su obra, de 1986, Gerhard corrige algunos errores acerca del convento de San Felipe que aparecen en la primera edición, en inglés, de 1972. Véanse también Archivo General de la Nación, grupo documental Media anata, vol. 35, ff. 249 v.-254 r. (véase el documento núm. 2 en el apéndice documental del presente estudio); "Títulos de las villas...", pp. 349-353.
[79] Wright Carr, *Conquistadores otomíes*..., pp. 36, 37 y 49 (véanse los documentos núms. 14 y 15 en el apéndice documental del presente estudio).
[80] *Ibid.*, pp. 36 y 60.
[81] Mendieta, *Historia*..., vol. 4, p. 220.
[82] Espinosa, *Crónica*..., pp. 308-312.

hacia mediados del siglo,[83] Celaya en 1570,[84] la villa de León en 1576,[85] Irapuato en 1589.[86] Tomaremos a Celaya como ejemplo. Fue fundada en 1570 como un pueblo de agricultores españoles, junto con algunos otomíes, mazahuas, tarascos, nahuas y pames. En el año de su fundación había de 10 a 12 españoles. En 1582 había más de 70 vecinos. Celaya servía como centro defensivo contra los chichimecas hostiles y para producir alimentos —principalmente trigo— para las zonas mineras. Esta producción se logró mediante grandes obras de riego.[87]

A partir de 1570 se levantaron presidios a lo largo de los caminos hacia los centros mineros, particularmente en el camino México-Zacatecas. Estos presidios tenían guarniciones de soldados españoles, auxiliados por aliados indígenas. Los presidios y poblados defensivos, como San Miguel y San Felipe, fueron la base de la estrategia militar desarrollada por los virreyes para combatir a los chichimecas. Los presidios cerca de San Miguel eran el de Nieto, rumbo a Querétaro; el de Santa Catalina, rumbo a Guanajuato, y el de El Colegio, junto a Celaya.[88]

Había algunos asentamientos otomíes en el norte del estado de Querétaro. Al pie de la Sierra Gorda estaba, en 1582, el pueblo de San Pedro Tolimán, con menos de 300 habitantes otomíes y pames. En 1583 se fundó allí un convento franciscano y un presidio. En 1585 dos frailes habitaban un pequeño claustro de adobe; había dos soldados en el presidio.[89] En Jalpan, enclavada en plena Sierra Gorda queretana, había un presidio con un claustro adosado para unos frailes franciscanos; un manuscrito de 1581 confirma la existencia del presidio y el convento en ese año.[90] No he encontrado información sobre cuáles grupos étnicos estaban en Jalpan durante esta etapa. Es posible que se haya establecido allí una guarnición de guerreros otomíes para apoyar a los pocos soldados españoles del presidio. Jalpan estaba cerca del límite

---

[83] Gerhard, *Geografía histórica*..., p. 171.
[84] Murphy, *Irrigation*..., p. 10.
[85] Gerhard, *Geografía histórica*..., loc. cit.
[86] Murphy, *Irrigation*..., p. 65.
[87] *Ibid.*, pp. 9-15; Wright Carr, *Querétaro en el siglo XVI*..., pp. 136, 137 y 212.
[88] Powell, *La Guerra Chichimeca*..., pp. 36 y 151-153; Powell, *Capitán mestizo*..., pp. 40 y 41.
[89] Powell, *La Guerra Chichimeca*..., pp. 52, 155, 182, 276 y 290; Powell, *Capitán mestizo*..., pp. 40, 41, 111, 112, 117 y 287; Ciudad Real, *Tratado curioso*..., vol. 2, p. 75.
[90] Powell, *La Guerra Chichimeca*..., p. 154.

entre los pueblos nuevos de otomíes (Tolimán, Xichú y Puxinquía) y la Huasteca (Valles, Xilitla y Tancoyol), en el territorio ancestral de los chichimecas pames y jonaces.

Los virreyes aprovecharon a los guerreros indígenas en la conquista y colonización del Bajío. Los otomíes y los tarascos se convirtieron en aliados de los españoles. En esta expansión de la civilización hacia el norte también participaron los mexicas, tlaxcaltecas, cholultecas, cazcanes y otros pueblos indígenas. Algunos grupos de chichimecas hicieron la paz con los españoles y sirvieron en las campañas militares contra los nómadas que todavía se mantenían firmes en su resistencia contra los invasores del sur. Estos aliados chichimecas probablemente eran los que habían sido vecinos de los colonos otomíes en lugares como Querétaro, San Miguel y Chamacuero.[91]

Los otomíes tuvieron un papel clave en el conflicto. Habían sido guerreros formidables durante la hegemonía mexica, peleando al lado de los ejércitos de la Triple Alianza. Durante la conquista de México Tenochtitlan (1519-1521), algunos grupos de otomíes se aliaron a Cortés.[92] Cuando estalló la Guerra Chichimeca, los virreyes comisionaron a varios caciques otomíes, concediéndoles privilegios especiales y títulos nobiliarios por llevar a sus súbditos a la tierra de guerra. Powell nos informa que "entre los jefes de los aliados indios en la frontera chichimeca, los caciques otomíes recibieron las más importantes comisiones y privilegios de los españoles". Algunos de estos caciques fueron Hernando de Tapia (Conni) y su hijo Diego, quienes gobernaron Querétaro; Nicolás de San Luis, "principal jefe guerrero otomí... después de 1550"; y Juan Bautista Valerio de la Cruz, cacique de Jilotepec.[93]

El protagonista de los documentos que publiqué en el libro *Conquistadores otomíes en la Guerra Chichimeca*,[94] Pedro Martín de Toro, fue un capitán otomí quien sirvió con Nicolás de San Luis,

---

[91] *Ibid.*, pp. 165 y 166; Wright Carr, *Conquistadores otomíes...*, pp. 21, 22 y 36 (véase el documento núm. 14 en el apéndice documental del presente estudio).

[92] Wright Carr, *The Sixteenth Century Murals...*, pp. 39 y 40; Hernán Cortés, *Cartas de relación*, 9ª ed., México, Porrúa, 1976, pp. 139 y 149.

[93] Powell, *La Guerra Chichimeca...*, pp. 165-170; Wright Carr, *Querétaro en el siglo XVI...*, p. 63.

[94] Wright Carr, *Conquistadores otomíes...*, véanse los documentos núms. 14 y 15 en el apéndice documental del presente estudio.

encabezando un grupo de guerreros otomíes y chichimecas durante las primeras décadas de la guerra.[95] La relación de las conquistas de don Pedro Martín menciona entradas en todo el Bajío, desde Querétaro hasta León. También peleó en los alrededores de Zacatecas, llegando hasta Fresnillo. Se describe una campaña militar en la Sierra Gorda, pasando por San Pedro Tolimán, Xichú, Puxinquía y Concá, en la que hizo una "carnicería" con los chichimecas que vivían en las sierras, barrancas y cuevas de la región. Lo acompañaban soldados españoles de San Miguel el Grande, al mando del capitán Marcos Felípez (figuras 3-8).[96]

Finalmente, la política de la "guerra a fuego y a sangre", que tanto dependió de los guerreros otomíes, resultó inútil. Cuanto más se intensificó la agresión por parte de los españoles y sus aliados, más intransigentes se pusieron los chichimecas. La muy difundida práctica de los soldados españoles de engañar a los chichimecas con falsas promesas, para luego venderlos como esclavos, seguramente enfurecía a los nómadas.[97] Hacia 1580 la situación ya era crítica. Esto es evidente en la crónica de Ciudad Real, quien relata los viajes del padre Ponce entre 1584 y 1588,[98] y en algunas de las *Relaciones geográficas*.[99] En la *Relación geográfica de Querétaro* se mencionan 11 asentamientos con nombres en otomí dentro de la jurisdicción de este pueblo. Siete de ellos habían sido abandonados durante los primeros meses de 1582 por los ataques de los chichimecas.[100]

Durante los últimos 15 años del siglo XVI se ideó una política alternativa para pacificar el Bajío y las tierras más al norte. En lugar de la fracasada "guerra a fuego y a sangre", se puso en práctica una sutil combinación de fuerza militar y diplomacia, que ponía especial atención en regalarles comida, ropa y otros

---

[95] "Nombramiento de capitán a favor del cacique don Nicolás de San Luis", en *Boletín del Archivo General de la Nación*, tomo 6, núm. 2, marzo-abril de 1935, p. 328; Powell, *La Guerra Chichimeca*..., pp. 84, 168 y 169; Wright Carr, *Conquistadores otomíes*..., p. 40 (véase el documento núm. 14 en el apéndice documental del presente estudio).

[96] Wright Carr, *Conquistadores otomíes*...; pp. 35, 39 y 46 (véanse los documentos núms. 14 y 15 en el apéndice documental del presente estudio).

[97] Powell, *La Guerra Chichimeca*...; Powell, *Capitán mestizo*... (Hay abundantes referencias a la esclavitud de los chichimecas en ambos libros.)

[98] Ciudad Real, *Tratado curioso*..., pp. 136-138.

[99] *Relaciones geográficas del siglo XVI: México*, vol. 1, pp. 95-104.

[100] Wright Carr, *Querétaro en el siglo XVI*..., pp. 138 y 139.

bienes a los chichimecas. El capitán mestizo Miguel Caldera tuvo un papel clave en la creación y puesta en práctica de la política de "paz por compra". Para reforzar esta estrategia, en 1591 se mandaron alrededor de 932 colonos tlaxcaltecas al norte, apenas cesadas las hostilidades, para servir de ejemplo a los chichimecas recién congregados en pueblos, como indios pacíficos, sedentarios, agricultores y cristianos.[101] Los españoles y sus aliados mesoamericanos —entre ellos los otomíes— ya eran dueños de la Gran Chichimeca, aunque en la Sierra Gorda queretana no se logró una pacificación duradera hasta mediados del siglo XVIII.

Etapa de la posguerra (1590-1650)

Durante este periodo hubo una inmigración masiva de españoles hacia el Bajío; esto coincidió, según Butzer, con una severa depresión económica en España.[102] Surgió el real de minas de San Luis Potosí en 1592-1593. Gradualmente los indígenas otomíes, tlaxcaltecas y tarascos remplazaron a los chichimecas en las minas y haciendas de la zona.[103] Al mismo tiempo se fundó el pueblo de San Luis de la Paz, con españoles, negros, otomíes, tarascos, nahuas, guamares y pames.[104] De esta manera, en los últimos años del siglo XVI ya se había establecido una red de pueblos, caminos, centros de producción minera, estancias ganaderas y tierras de cultivo, algunas con riego. Sobre esta infraestructura, y con una rica diversidad étnica, la región floreció durante la época barroca, llegando a ser una de las zonas más densamente pobladas y prósperas de la Nueva España.[105]

La villa de San Miguel el Grande siguió desarrollándose después de la guerra. Continuó siendo un centro para integrar a los chichimecas al sistema novohispano. Según Powell, San Miguel fue abastecida "directamente por la real hacienda de la ciudad de México", junto con San Felipe y San Luis de la Paz, dentro del

---

[101] Powell, *La Guerra Chichimeca...*, pp. 189-231; Powell, *Capitán mestizo...*, pp. 141-210 y 271-294.
[102] Butzer, "The Bajío..."
[103] Gerhard, *Geografía histórica...*, p. 240.
[104] Powell, *La Guerra Chichimeca...*, p. 219; Driver y Driver, *Ethnography...*, pp. 30-36.
[105] Wright Carr, "La vida cotidiana..."

programa de "paz por compra". En 1590 el virrey Luis de Velasco II concedió a Pedro Carrasco un sitio en la cañada que está al norte de la villa para construir un molino de trigo.[106] Contamos con tres sencillos croquis de la villa de San Miguel y sus alrededores, elaborados durante la etapa de la posguerra. Dos son de 1591 (figuras 9 y 11) y otro de 1615 (figura 10). Los tres tienen información sobre el uso de las tierras. En el mapa de 1615 vemos que al sur de la villa española estaban el "pueblo y tierras de los yndios". Posiblemente se trata del área del Chorro, donde había, hasta fechas recientes, un manantial importante.

Hay breves descripciones eclesiásticas de San Miguel de 1619, 1631, 1639 y 1649. En la primera se menciona al cura párroco Pedro de Gogorrón Arismendi, de Zacatecas, quien había estudiado la carrera de maestro en artes en la Universidad de México. Había un hospital en la villa, así como algunas cofradías. Había 36 vecinos españoles. (Cada vecino tenía su familia, por lo cual hay que multiplicar este número por algún factor, tal vez cinco, para saber la población española total.) Treinta de estos vecinos estaban casados, mientras que seis eran viudos. Había 28 "mancebos y doncellas" españoles. En cuanto a la raza africana y sus descendientes de raza mixta, había 20 esclavos y 50 mulatos y negros libres. Sobre la población indígena, este informe menciona que

> en un barrio de la dicha villa hay 60 indios casados; y a dos leguas, a seis y hasta diez, en llanos y vegas de un buen río, que es el que va a dar a Salaya, hay 27 estancias de ganados vacunos y ovejunos, y en ellas algunas labores (tierras destinadas a la producción agrícola), y habrá en todas ellas 300 indios casados y otros 100 viudos y solteros.[107]

En la descripción del obispado de Michoacán de 1631 vemos que un sacerdote secular recibía buena parte de los diezmos aportados por la villa. Había 70 vecinos españoles y mestizos, unos 50 indios y "pocos mulatos". Se menciona que el hospital se sostenía en parte de los diezmos y en parte de limosnas. El documento

---

[106] Maza, *San Miguel*..., p. 17.
[107] Biblioteca del Real Palacio, Madrid, ms. 2579, citado en Carrillo, *'Partidos*..., p. 478.

incluye una larga lista de estancias ganaderas y tierras de cultivo en la jurisdicción de San Miguel, de importancia fundamental para el estudio del medio rural en esta época.[108]

En la descripción de 1639 se menciona una iglesia parroquial "con un clérigo benefiçiado y vicario y otro sacerdote capellán", un hospital y un convento franciscano, aparentemente recién fundado, según hemos visto. Se habla de "cassi treinta estancias de ganado mayor y menor y labores de trigo y maíz".[109]

El documento de 1649 dice que "no ai otros pueblos ni más indios que los laboríos [sic] y que sirven en las haciendas y son de lengua mexicana, otomite y tarasca". Hubo 62 vecinos españoles y 2 500 personas "de confesión y comunión", incluyendo las que vivían en las 62 "haciendas de ganados y semillas de trigo y maís" que se incluían dentro de la jurisdicción eclesiástica del cura párroco. Se menciona de nuevo el convento franciscano. Es interesante el dato de que la parroquia de San Miguel se había caído. Se estaba haciendo otra "mui buena yglesia". Mientras tanto, se administraban los sacramentos en el hospital de los indígenas.[110] En 1690 la parroquia estaba otra vez en ruinas y se inició el proceso administrativo para la construcción de una iglesia nueva, la cual fue terminada hacia 1709.[111] Ésta debe de ser el templo que aparece en una fotografía de la Plaza Allende, tomada hacia mediados del siglo XIX y publicada en la segunda edición del libro de Francisco de la Maza sobre San Miguel de Allende. La fachada-torre que actualmente ostenta esta parroquia, de estilo neogótico popular, fue sobrepuesta a la fachada de la construcción anterior, de 1880 a 1884.[112]

---

[108] *El obispado de Michoacán en el siglo XVII: informe inédito de beneficios, pueblos y lenguas*, Ramón López Lara, editor, Morelia, Fimax Publicistas, 1973, p. 48.
[109] Newberry Library, Chicago, Ayer Collection, ms. 1106C, 3, ff. 131 v.-132 r. (véase el documento número 12 en el apéndice documental del presente estudio).
[110] Newberry Library, Chicago, Ayer Collection, ms. 1106A, f. 44 v. (véase el documento núm. 13 en el apéndice documental del presente estudio).
[111] Véase la nota 73 de este capítulo.
[112] Maza, *San Miguel...*, pp. 29 y 30. Las fechas de la construcción de la fachada-torre (1880-1884) se tomaron de una inscripción en el pórtico de la entrada del templo.

EPÍLOGO

Hemos visto que la frontera de la civilización mesoamericana fluctuaba durante la época prehispánica y seguía fluctuando durante el siglo XVI. Después de la conquista de los valles centrales de México por los invasores españoles, algunos otomíes decidieron emigrar hacia el territorio de los chichimecas, más allá de la frontera de la civilización, donde todavía no llegaba el control de los europeos. Cuando los ganaderos y los frailes españoles llegaron a las tierras del Bajío para integrar a los refugiados otomíes al nuevo sistema económico, político y social que se estaba fraguando, estos otomíes tuvieron que someterse. Hacia mediados del siglo, en virtud del descubrimiento de plata en Zacatecas y de la llegada de muchos españoles e indígenas del sur, estalló la Guerra Chichimeca. Los otomíes, junto con otros pueblos, como los tarascos y nahuas, fueron aliados importantes de los españoles en esta lucha armada. Tuvieron un papel fundamental en la colonización del norte.

En este entorno se dan los orígenes de San Miguel. En realidad no hay un momento aislado que se pueda denominar como de la fundación del pueblo. Hay una serie de fundaciones: *1)* el establecimiento del asentamiento inicial, clandestino, hecho por el indígena otomí Conni y sus parientes, en algún momento entre 1521 y 1530; *2)* la fundación del convento franciscano, incluyendo la elección del arcángel san Miguel como santo patrono del pueblo y la evangelización inicial de los indígenas del lugar, junto con la concesión de las primeras estancias ganaderas a colonos españoles, todo ello hacia 1542-1543; *3)* el mandamiento del virrey Velasco para fundar una villa de españoles en San Miguel, incluyendo la asignación de tierras a los vecinos y la construcción física del asentamiento, a fines de 1555, y *4)* el otorgamiento del título de villa a San Miguel el Grande al terminar 1559, seguido por la elección y la toma de posesión del cabildo, el 1° de enero de 1560.

APÉNDICE DOCUMENTAL

NORMAS PALEOGRÁFICAS

En la elaboración de las versiones paleográficas de los manuscritos que aparecen en este apéndice se siguieron las normas aprobadas en la Primera Reunión Interamericana sobre Archivos, celebrada en Washington, D. C., en 1961. Éstas fueron publicadas en 1979, por el Archivo General de la Nación, en el folleto Normas para la transcripción de documentos históricos. *A continuación se transcribe el texto completo del folleto. Los escolios agregados por el autor se ponen entre corchetes.*

Con el objeto de hacer más accesible la lectura de documentos históricos antiguos, y facilitar su comprensión, en la Primera Reunión Interamericana sobre Archivos, que se celebró en Washington, D. C. en octubre de 1961, se aprobaron las siguientes normas para la transcripción de documentos históricos hispanoamericanos:

I. Ortografía

1. En los manuscritos paleográficos las letras deberán conservar su valor fonético o literal.
    2. Letras *c, ç, s, z, ss:* se transcribirán tal cual están. La *s* larga y la *s* de doble curva (redonda) se transcribirán con *s* redonda. Cuando por razones tipográficas se elimine la cedilla, deberá sustituirse únicamente por *z*, haciendo la correspondiente explicación. [Las cedillas se han respetado en todas las versiones paleográficas del presente libro.]
    3. Letras *i, y:* la *i* corta y la *i* larga deberán transcribirse con el signo de la *i* corta. La *y* representada con una grafía inequívoca se transcribirá como tal *y*, aun en palabras con el valor fonético de la *i;* cuando la grafía de la *y* no se distingue de la grafía de la *i* larga, se transcribirá según la forma ortográfica actual.
    4. Letras *b, v, u.* En caso de uso indistinto, la *b* y la *v* se transcribirán según la forma más usada en el documento. La *u* y la *v* se transcribirán de acuerdo con su valor fonético.
    5. La *h* superflua se mantendrá; la omitida no se suplirá.
    6. La *r* mayúscula *(R)* con valor fonético de doble *r (rr)* se transcribirá con esta última grafía, excepto al comienzo de una palabra.

7. Las letras dobles se mantendrán únicamente en los casos de *ss* y *nn*, menos en posición inicial. Ejemplo: *cossa, anno*.

8. Se conservarán las grafías *f, g, j, h, ph, th, x*. Ejemplo: *fecho, muger, bojío, hebrero, Phelipe, theniente, dixo*.

9. Las contracciones *del, della, dello, desta, ques, questa*, etc., se conservarán según su grafía original.

10. Cuando en el documento no esté puesto el tilde de la *ñ*, se restituirá el tilde.

11. El signo copulativo *&* se transcribirá como *e* o como *y*, según la forma más usada en el documento.

II. Puntuación

12. Cuando el documento no tenga puntuación, se pondrá la actual en su forma indispensable. Cuando el documento tenga puntuación, se conservará la indispensable para la interpretación textual. [Por la vaguedad de este punto, ya que antiguamente se usaban los signos de puntuación de una manera muy diferente al uso moderno, se optó por modernizar completamente la puntuación en las versiones paleográficas, para lograr la máxima claridad.]

III. Mayúsculas y minúsculas

13. Se observarán las reglas de la ortografía actual.

IV. Separación de palabras y frases

14. En ningún caso se mantendrán las uniones contrarias a la morfología de las palabras o frases ni las separaciones indebidas de las letras de una palabra.

V. Acentuación

15. Se conservará la acentuación original. Todos los acentos se representarán con el signo del acento agudo. Cuando no haya acentos, se los restituirá en las palabras cuyo sentido así lo requiera. Ejemplo, *marcho, marchó; el, él*.

VI. Abreviaturas

16. Las abreviaturas se desarrollarán completando las letras omitidas según la forma más usada en el documento. Esta norma será observada también cuando la palabra abreviada carezca de signo de abreviación. Cuando la interpretación sea dudosa, se pondrá un signo de interrogación entre corchetes después de dicha palabra; si fuera más de una palabra, se hará la advertencia conveniente en una nota al pie de la página.

17. Las abreviaturas *Ihu Xpo, Xpoval*, se transcribirán Jesús Cristo, Cristóbal.

VII. Signos tipográficos

18. Las omisiones, testaduras, intercalaciones, repeticiones, etc. del texto original, se anotarán entre corchetes con la indicación *omitido, testado,* etc., seguida de dos puntos y la palabra o palabras correspondientes. Las enmiendas de segunda o tercera mano se anotarán al pie de la página.

19. Cuando, no obstante alteraciones materiales como roturas, quemaduras, manchas, etc., el texto pueda interpretarse con certeza, se hará la restitución entre corchetes, con la advertencia respectiva. En caso de imposibilidad absoluta, se consignarán las palabras *roto, quemado, ilegible,* etc., entre corchetes. En caso necesario se indicará la extensión del pasaje respectivo al pie de la página.

20. Los escolios del editor irán entre corchetes cuando estén consignados dentro de la caja de la escritura.

21. Si los elementos marginales del texto no pueden transcribirse en posición marginal, se transcribirán a continuación del pasaje a que correspondan antecedidos por las palabras *al margen* entre corchetes.

22. Las firmas autógrafas sin rúbrica se anotarán con la palabra *firmado* entre corchetes; las firmas autógrafas rubricadas, con la palabra *rubricado* entre corchetes; y las rúbricas solas, con la palabra *rúbrica* entre corchetes. Los sellos, signos de escribanos y otros detalles semejantes se harán notar con las explicaciones necesarias entre corchetes.

23. Las palabras claramente escritas, pero en forma incorrecta o incomprensible, se consignarán seguidas de signo de admiración o *sic* entre corchetes.

24. Los espacios dejados en blanco se consignarán con las palabras *en blanco* entre corchetes.

25. Se consignará la foliación o paginación del documento original.

VIII. Documentos en latín

26. Las normas generales adoptadas para los textos en castellano se aplicarán en la transcripción de documentos en latín.

27. Los nexos *æ*, *œ* se separarán en *ae*, *oe* cuando la imprenta carezca de los signos correspondientes. La *e* caudada se transcribirá *ae*.

IX. Prólogo y diagnosis

28. Toda edición de documentos deberá ir precedida, en lo posible, de una advertencia preliminar en que se especificará la razón de la publicación, la índole de los documentos y las normas que se han seguido para la transcripción. Si hubiere otras ediciones, se dará referencia de ellas.

29. Cada documento irá precedido de un asiento o entrada de tipo catalográfico, en que se incluirá la data, un breve resumen de su contenido y la signatura exacta. Se indicará también si es original o copia.

30. Los documentos se anotarán cuando las notas sean necesarias para la buena inteligencia del texto y cuando amplían o rectifican críticamente el contenido. [No se anotan los documentos de este apéndice. El lector puede consultar versiones anotadas de los documentos núms. 10, 14 y 15 en dos libros escritos por el autor del presente estudio: *Querétaro en el siglo XVI* y *Conquistadores otomíes en la Guerra Chichimeca*; véase la bibliografía.]

31. Se acompañará de un índice onomástico, toponímico y de materias. [Se han omitido los índices en el presente libro.]

32. El editor deberá encargar la transcripción a personas capacitadas.

33. En las ediciones de divulgación se mantendrá la fidelidad del texto, pero podrá modernizarse la ortografía y la puntuación. [Como se indicó, la puntuación se ha modernizado, pero la ortografía original se ha respetado, dentro de los términos de las normas citadas aquí.]

1. MANDAMIENTOS SOBRE LA FUNDACIÓN DE UNA VILLA DE ESPAÑOLES EN SAN MIGUEL DE LOS CHICHIMECAS

Virrey Luis de Velasco I
18 de diciembre de 1555
Archivo General de la Nación, México, grupo documental Mercedes, volumen 4, fojas 286 recto-287 recto

(F. 286 r.)
[Al margen:] *Para que se den ciertos yndios de servicio a la villa de San Miguel de los Chichimecas.*
Yo don Luis de Velasco, visorrei e governador por su magestad en esta Nueba España etcétera, os hago saber a vos los alcaldes mayores, corregidores, governadores de los pueblos de Guango, Acánbaro, Querétaro y Cuiseo, que por evitar las muertes, fuerças e robos que los chichimecas an fecho en el camino de los çacatecas, se funda en el pueblo de San Miguel una villa de españoles para la seguridad del dicho camino y porque [...] [ilegible] y reparar las que tienense [...] [ilegible] conviene que se le de algún [?] socorro de algunos yndios por el presente se manda [?] que del pueblo de Guango se den diez yndios y del pueblo de Acánbaro diez e seis y de Querétaro ocho y de Cuiseo diez e seis para el efecto [?] pagando [?]

(F. 286 v.)
a cada uno dellos los días que se ocuparen, cada día al oficial un real y al jornalero medio real y más en yda a San Miguel e vuelta a sus casas de él [?]. Respeto los quales abeis de dar luego que Ángel de Villafañe os avisare y enbiare su mandamiento ynserto e fecho [?] por el dicho efeto al alcalde mayor que lo [?] fuere de los Chichimecas, conforme a la orden que el dicho Ángel de Villafaña diere y no de otra manera lo qual ansí fazed y cumplid syn poner a ella escusa ni dilación alguna [?] so la pena que el dicho Ángel de Villafañe os pusiere y pasase [...] [ilegible] le dy poder [...] [ilegible]. Fecho en Querétaro a diez e ocho días del mes de diziembre de mil e quinientos e cincuenta e cinco años, don Luis de Belasco, por mandato de su yllustrísima, Pedro de Murcia [?].

(F. 287 r.)

[Al margen:] *Título de governador para [?] el pueblo de San Miguel de la parte [?] de los otomíes.*

En Querétaro a diez e ocho de diziembre de 1555 años se dio título de governador a Juan de Sant Miguel del pueblo de San Miguel, de la parte [?] de los otomíes por el tiempo que fuere la voluntad de su magestad o de su […] [ilegible] visorrei en su real nonbre […] [ilegible].

[Al margen:] *Otro título a don Domingo por governador de Samiguel [sic] de la parte [?] de los chichimecas y tarascos.*

En el dicho día en el dicho pueblo de Querétaro se dio título de governador a don Domingo principal del pueblo de San Miguel para que por el tiempo que fuere la real voluntad o de su […] [ilegible] en el real nonbre ser governador de la parte [?] de los chichimecas y tarascos […].

2. TÍTULO DE LA VILLA DE SAN MIGUEL EL GRANDE, CON SU CONTEXTO DOCUMENTAL

Copia del siglo XVIII de los documentos originales perdidos
1559-1775
Archivo General de la Nación, México grupo documental Media anata, volumen 35, fojas 244 recto-249 verso

(F. 244 r.)
[Al margen:] *San Miguel el Grande.*
N. 18.
[Sello con el escudo real:] Un quartillo.
SELLO QUARTO, UN QUARTILLO, AÑOS DE MIL SETECIENTOS Y SETENTA Y QUATRO Y SETENTA Y CINCO.
[Impreso:]
El bailío frei don Antonio María Bucareli y Ursúa, Henestrosa, Laso de la Vega, Villacis y Córdova, caballero Gran Cruz y comendador de la Bóveda de Toro en el Orden de San Juan, gentil hombre de cámara de su magestad, con entrada, teniente general de los reales exércitos, virrey, governador y capitán general de esta Nueva España, presidente de su Real Audiencia, superintendente general de Real Hacienda, presidente de la Junta de Tabacos, juez conservador de este ramo y subdelegado general de la Renta de Correos en el mismo reyno, etcétera.
   En vista de la consulta, que el contador regulador del real derecho de media annata y servicio de lanzas hizo en cinco de junio de mil setecientos setenta y dos al señor juez privativo de él, cerca de que por los oficios de mi superior govierno se formase y pasase a aquella contaduría nómina de

(F. 244 v.)
[Impreso:]
de las ciudades y villas que huviese en este reyno y provincias agregadas, a fin de que (según las reglas del antiguo y nuevo arartzel) paguen lo correspondiente, que huviesen causado de media annata, por el goze de los privilegios e inmunidades desde el día veinte y dos de mayo del año de mil seiscientos trenta [sic] y uno, en que se impuso dicho real derecho, que previo pedimento del sr. fiscal de su magestad, de veinte y

uno de agosto del corriente año me serví mandar accediendo a esta pretención de decreto de veinte y dos del mismo. Y en vista igualmente de la representación que me hicieron los escrivanos mayores de la gorvernación [sic] y guerra de esta Nueva España don Joseph de Gorráez y don Juan Joseph Martínez de Soria, exponiendo lo difícil y aún quasi imposible que sería esta operación, por el transcurso de más de un siglo que ha corrido y que tal vez se vendría a quedar sin la luz fixa que se necessita para conseguir el intento de este asupto [sic], por las razones que expendieron, concluyendo en representar que más fácilmente se podría conseguir, sirviéndome expedir despacho de cordillera, para que todos los justicias de los reynos de Nueva España, Nueva Galicia y Nueva Viscaya, hagan se les presenten los títulos de erección de villas y ciudades en sus respectivas jurisdicciones y remitan testimonio de ellos a mi superior govierno, o en derechura a la contaduría del real derecho de media annata, excepto para la ciudad de Santa Fe de Guanaxuato, que lo ha satisfecho desde su erección en adelante; volví a mandar darla a dicho señor ministro, que en respuesta de doce del que sigue, estimó el medio propuesto

(F. 245 r.)
[Impreso:]
puesto por los referidos escrivanos mayores de la governación y guerra por más seguro proporcionado, de mayor prontitud para que el señor don Pedro Nuñes de Villavicencio consiga las noticias que desea. En cuya conformidad y a consecuencia de mi decreto de diez y seis del mismo he resuelto expedir el presente, por el qual mando <u>al alcalde mayor de la villa de San Miguel el Grande</u> [en el impreso se dejó un espacio en blanco, el cual fue rellenado a mano con las palabras subrayadas] haga luego que reciva este despacho, se le presenten los títulos de erección de villa o ciudad de su respectiva jurisdicción y sacando testimonio de ellos, lo remitirá en derechura a la contaduría del real derecho de media annata. México y octubre veinte y tres de mil setecientos setenta y cinco.
[A mano:] *El bailío frey don Antonio Bucareli y Ursúa [rubricado].*
Por mandado de su excelencia, Joseph de Gorráez [rubricado].
[Impreso:]
Para que el justicia <u>de la villa de San Miguel el Grande</u> [en el impreso se dejó un espacio en blanco, el cual fue rellenado a mano con las palabras subrayadas] haga se le presente el título, en cuya virtud goza de la erección de villa o ciudad el lugar de su respectiva jurisdicción y sacando testimonio de él, lo remitirá a la contaduría del real derecho de media annata.
[De aquí en adelante todo el documento está escrito a mano:]

En la villa de San Miguel el Grande a diez y ocho de diziembre de mil setecientos setenta y cinco años. El señor don Francisco Antonio del Llano y Sierra, teniente de cavallería de los reales exércitos,

(F. 245 v.)
[Al margen:] [Sello con el escudo real:] Un quartillo.
SELLO QUARTO, UN QUARTILLO, AÑOS DE MIL SETECIENTOS Y SETENTA Y QUATRO Y SETENTA Y CINCO.
alcalde mayor por su magestad en esta villa, la de San Phelipe y sus jurisdicciones, dixo su merced que haviendo recevido el superior despacho que precede, en su devido puntual ovedecimiento y cumplimiento se le ha exhivido y sacado de la arca de tres llabes de este ylustre cabildo, uno de sus libros, en el que se halla mi testimonio dado por uno de los escrivanos mayores de la governación y guerra de esta Nueva España, del título de esta villa. Y para que tenga efecto lo preceptuado por la soveranía del excelentísimo señor virrey, governador y capitán general de esta Nueva España, devía mandar y mando que a continuación de este auto por mí el escrivano se saque y ponga testimonio a la letra del ya relacionado, autorizado en pública forma y manera que haga fe y fecho pase a la villa de San Phelipe de esta jurisdicción para que aquel theniente de alcalde mayor haga se le exhiva el título de aquella villa y de él ponga del proprio modo a continuación testimonio legalizado en la misma forma, debolviéndolo todo a su merced para dar quenta a dicho excelentísimo señor. Y por este auto assí lo proveyó, mandó y firmó. Doi fe.
Francisco Antonio del Llano y Sierra [rubricado].
Ante mí,
Nicolás de Robles [rubricado],
escribano real, público y de cavildo.

Yo [don Luis de Velasco, visorrey], etcétera, por quanto de pocos días a esta parte, con mi lisencia se han hido a poblar algunos vecinos españoles al citio e parte que disen San Miguel

(F. 246 r.)
que es en la provincia de Xilotepeque y Chichimecas y en el camino real que ba de esta ciudad de México a las minas de Zacatecas, a los quales porque poblasen en la parte sobredicha y para la seguridad del dicho camino y se evitasen las muertes y rovos que han hecho y hacen los chichimecas y guachichiles, se les han dado tierras, huertas, solares donde puedan haser sus casas, tener otras grangerías con siertas condiciones y por ser como es el dicho citio e población tan bueno y que en él concu-

rren las calidades que se requieren para poder haser y perpetuarse en él, un pueblo de españoles, han ocurrido más vecinos a la dicha población y se espera que cabrá en él perpetuidad, de lo qual Dios nuestro señor y su magestad será servido, assí por no haver como no ay en la comarca otro pueblo de españoles y ser tan nesesario para la pasificación de los dichos yndios chichimecas y evitar los daños que han susedido y podrán suseder en los dichos caminos. Y para que en él haya buen govierno y los vecinos tengan quien les administre justicia y conoscan de los pleitos e causas que entre ellos sucedieren, conviene que se nombren alcaldes y regidores. Por la presente, en
[Al pie de la foja: rúbrica de Nicolás de Robles.]

(F. 246 v.)
nombre de su magestad, hasta tanto que otra cosa sea servido de proveer y mandar, mando que el dicho pueblo de San Miguel se intitule la villa de San Miguel y como tal villa los vecinos de ella gosen de las preeminencias y exempciones que pueden y deven gosar y gosan los vecinos de las otras villas de los reynos y señoríos de su magestad y el día de año nuevo próximo que viene del año de sesenta, se junten en la parte que a los vecinos de dicha villa les paresiere y si juntos todos de una conformidad elijan e nombren hasta quatro personas de los vecinos de la dicha villa por regidores para el dicho año de sesenta, que sean tales que les convenga para el dicho cargo y los dichos quatro regidores en el mismo dicho día nombren y elijan por alcaldes dos vecinos de la dicha villa, los más ancianos, personas en quien concurran las calidades que se requieren para los dichos cargos y assí nombrados y elejidos sean havidos y tenidos y ovedecidos por alcaldes ordinarios de la dicha villa y como tales traigáis vara de justicia en ella y en sus términos y conoscan de primera instancia todos los pleitos y causas civiles y criminales que sucedieren y acaheciere en la dicha villa

(F. 247 r.)
y sus términos, entre los vecinos de la dicha villa y españoles que estubieren y recidieren en ella y librar y determinar las dichas causas conforme a derecho, hasiendo justicia a las partes y las apelaciones que de los dichos alcaldes o cualquier de ellos interpusieren las personas que se sintieren agraviados puedan apelar y presentar ante el alcalde mayor de la dicha provincia para que en el dicho grado pueda conoser de las causas e haser en ellas a las partes justicia, o ante el precidente e oidores de la Audiencia y chansillería real que recide en la ciudad de México de esta Nueva España para que las partes sean desagraviadas de las centencias a lo demás que los dichos alcaldes centenciaren y determinaren, los

FIGURA 1. *Estados indígenas en la frontera norte-central de Mesoamérica, hacia 1520 d.C.*

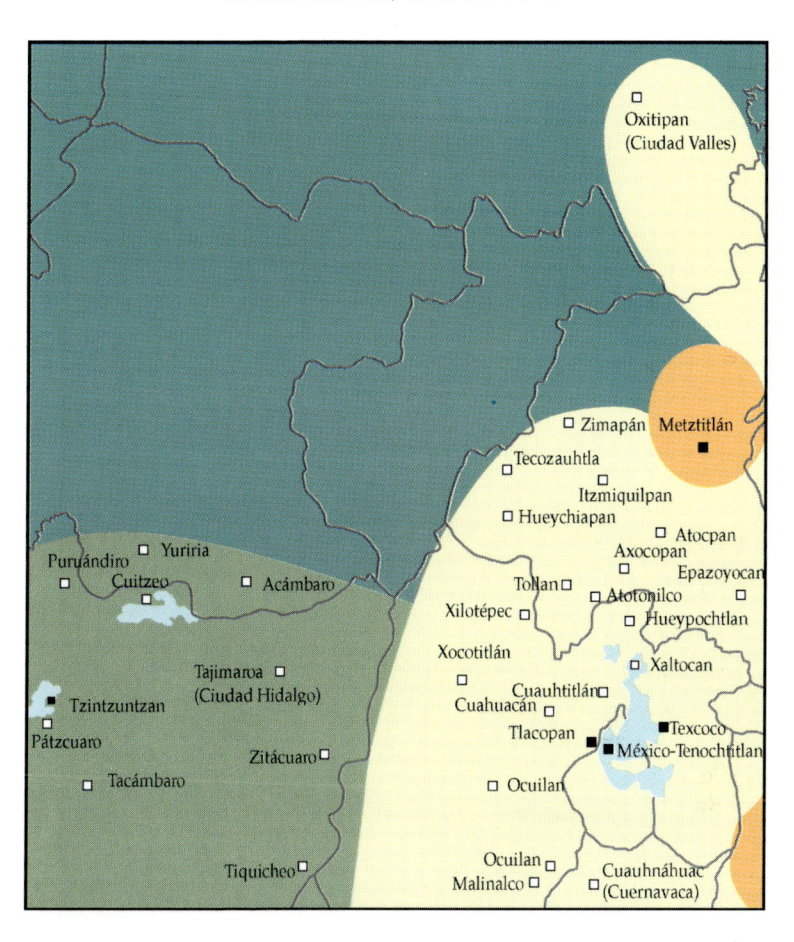

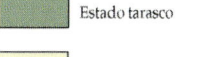

- Estado tarasco
- Estado mexica (Triple Alianza)
- Estados independientes
- ■ Capitales de estados indígenas
- ☐ Ciudades importantes

FIGURA 2. *La distribución de los grupos lingüísticos en la frontera norte-central de Mesoamérica, hacia 1520 d.C.*

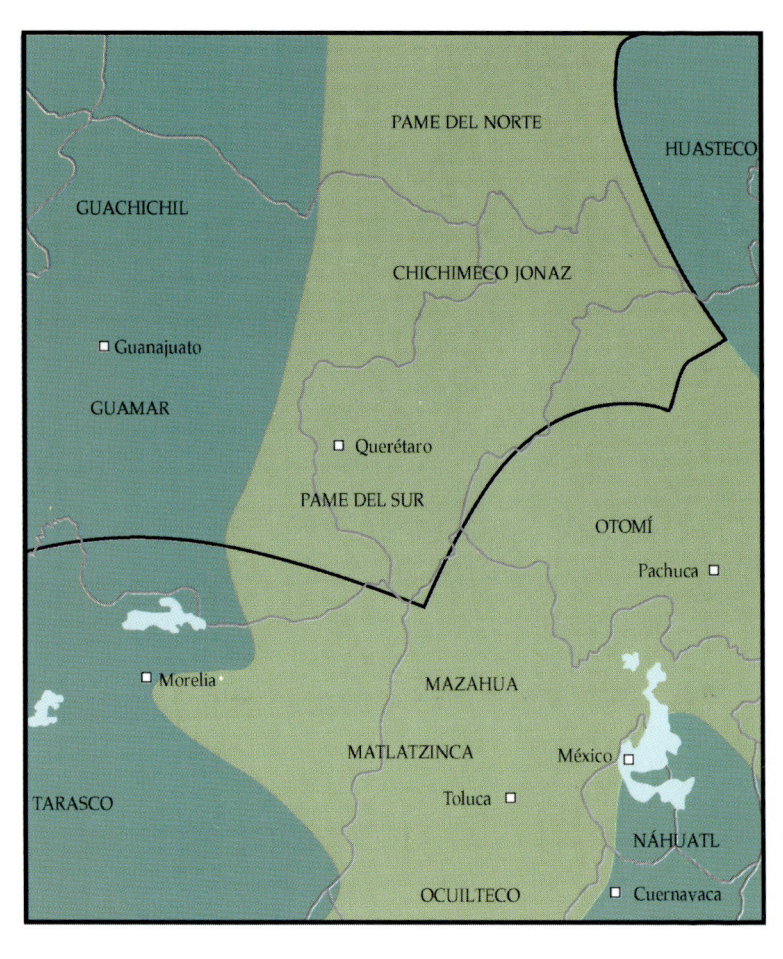

Extensión aproximada de los idiomas otopames

Frontera de la civilización mesoamericana

☐ Capital moderna

FIGURA 3. *El conquistador otomí don Pedro Martín de Toro*
(tinta sobre papel, 21 x 31 cm)

FUENTE: Archivo General de la Nación, grupo documental Tierras, vol. 1783, exp. 1, f. 19 r., núm. de catálogo 1228. Foto del Departamento de Reproducción Documental, Archivo General de la Nación.

FIGURA 4. *Chichimecas enemigos y chichimecas aliados (tinta sobre papel, una foja de 21 x 31 cm)*

FUENTE: Archivo General de la Nación, grupo documental Tierras, vol. 1783, exp. 1, f. 19 v. núm. de catálogo 1229 (a). Foto del Departamento de Reproducción Documental, Archivo General de la Nación.

FIGURA 5. *El capitán español don Marcos Felípez y sus hombres (tinta sobre papel, una hoja de 21 x 31 cm)*

FUENTE: Archivo General de la Nación., grupo documental Tierras, vol. 1783. exp. 1, f. 20 r, núm. de catálogo 1229 (b). Foto del Departamento de Reproducción Documental, Archivo General de la Nación.

FIGURA 6. *Los soldados españoles (tinta sobre papel, una hoja de 21 x 31 cm)*

FUENTE: Archivo General de la Nación, grupo documental Tierras, vol. 1783, exp. 1, f. 20 v., núm de cátalaogo 1230 (a). Foto del Departamento de Reproducción Documental, Archivo General de la Nación.

FIGURA 7. *Coronación de don Pedro Martín de Toro (tinta sobre papel, una hoja de 21 x 31 cm)*

FUENTE: Archivo General de la Nación, grupo documental Tierras, vol. 1783, exp. 1, f. 21 r., núm. de catálogo 1230 (b). Foto del Departamento de Reproducción Documental, Archivo General de la Nación.

FIGURA 8. *Lidia de toros en la plaza de San Francisco en Querétaro (tinta sobre papel, 21 x 31 cm)*

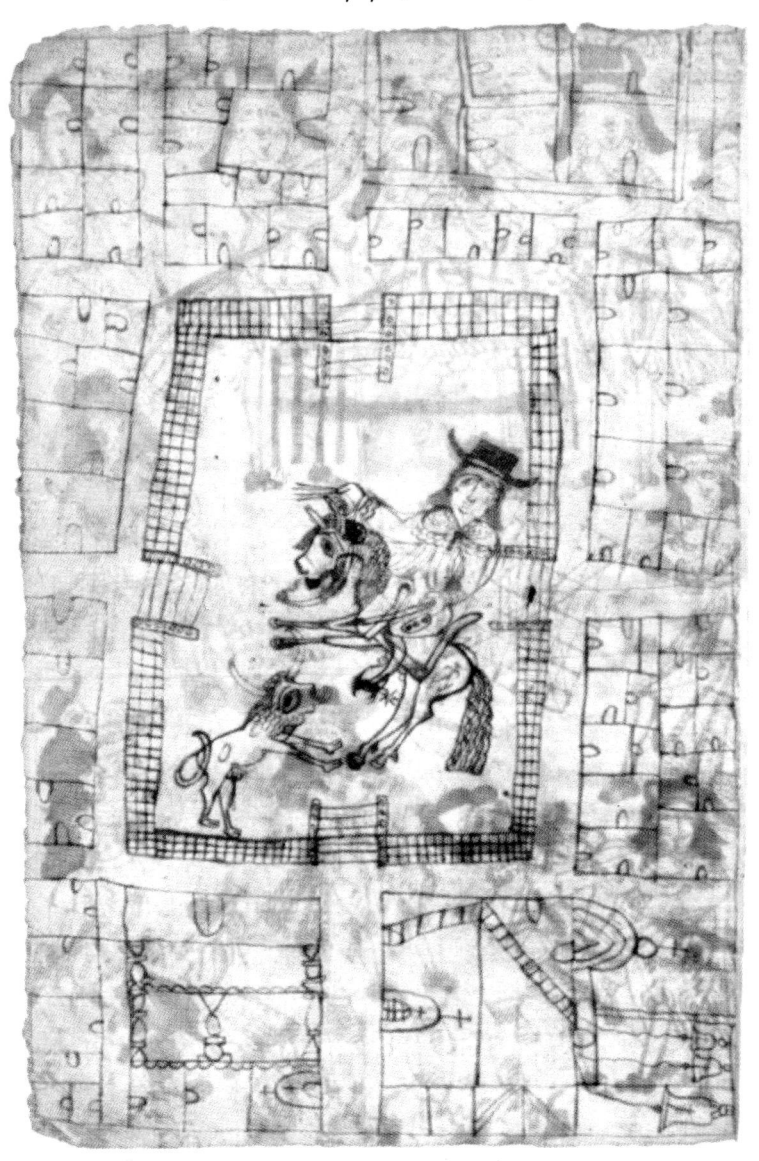

FUENTE: Archivo General de la Nación, grupo documental Tierras, vol. 1783, exp. 1, f. 21 v., núm. de catálogo 1231. Foto del Departamento de Reproducción Documental, Archivo General de la Nación.

FIGURA 9. *La villa de San Miguel y sus alrededores en 1591*
(tinta sobre papel, 20 x 31 cm)

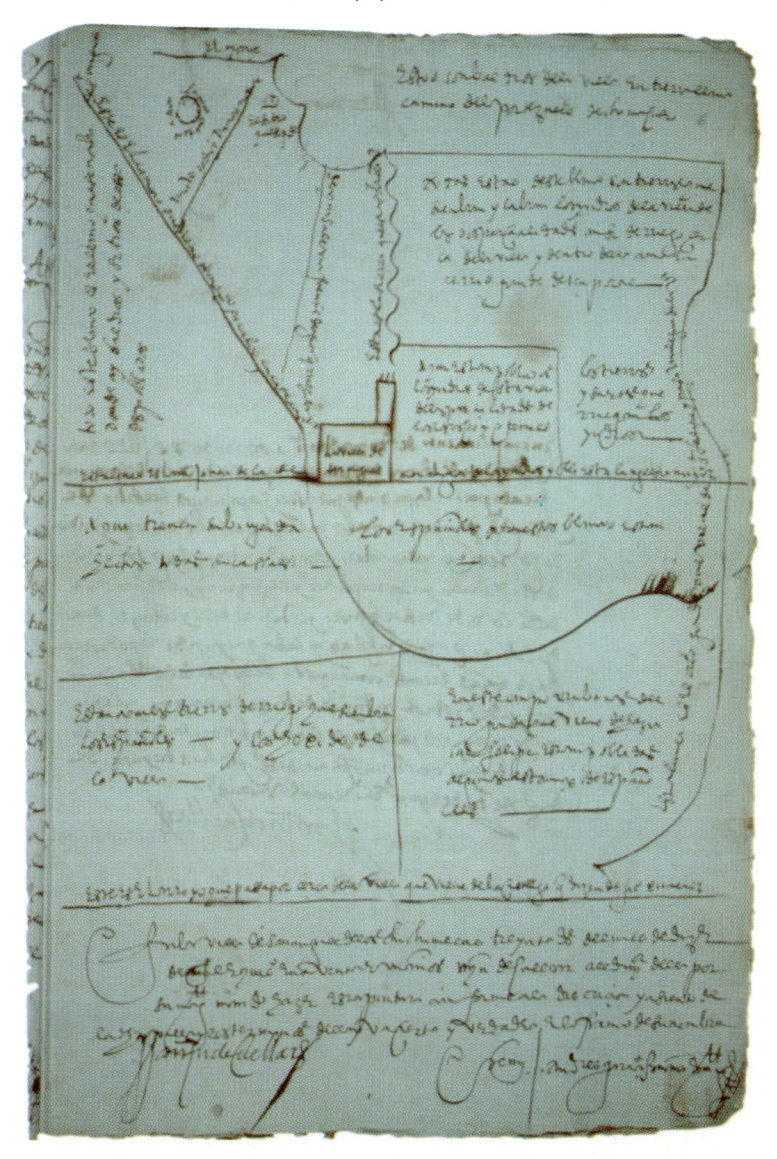

FUENTE: Archivo General de la Nación, grupo documental Tierras, vol. 1783, exp. 2, f. 6 r., núm. de catálogo 1781. Foto del Departamento de Reproducción Documental, Archivo General de la Nación.

FIGURA 10. *La villa de San Miguel y tierras hacia el poniente*

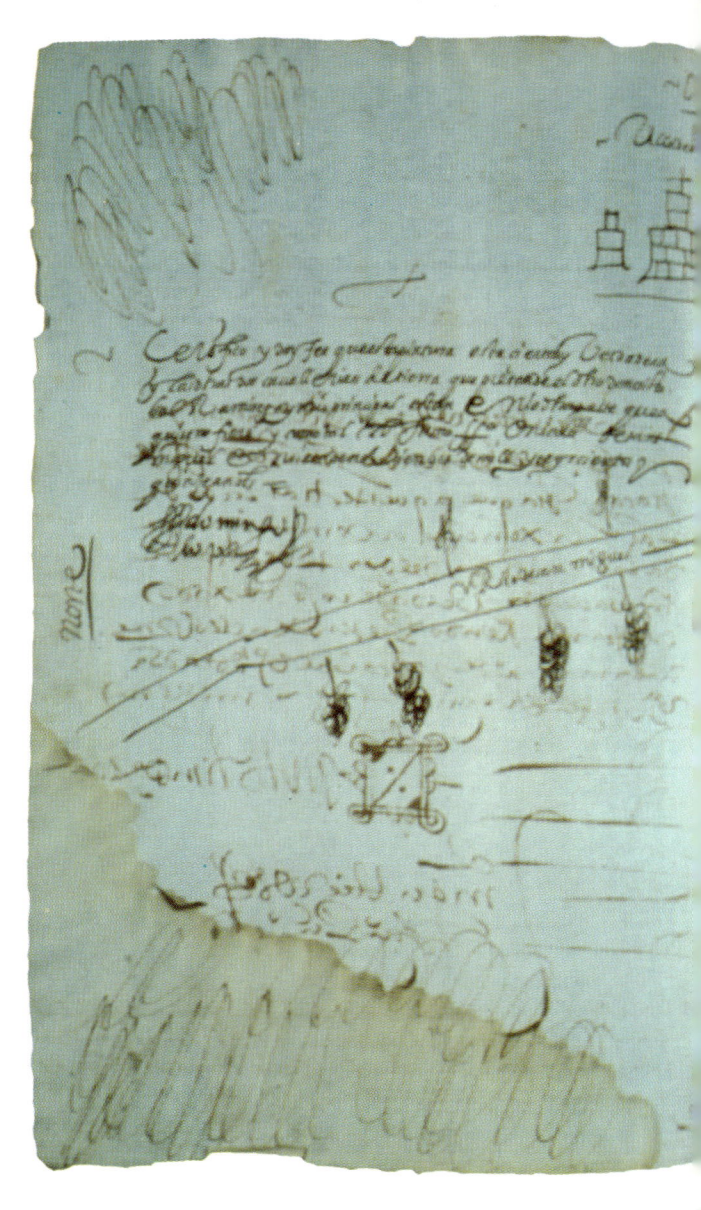

FUENTE: Archivo General de la Nación, grupo documental Tierras, vol. 27. Documental, Archivo General de la Nación.

15 *(tinta sobre papel, dos hojas de 20 x 31 cm)*

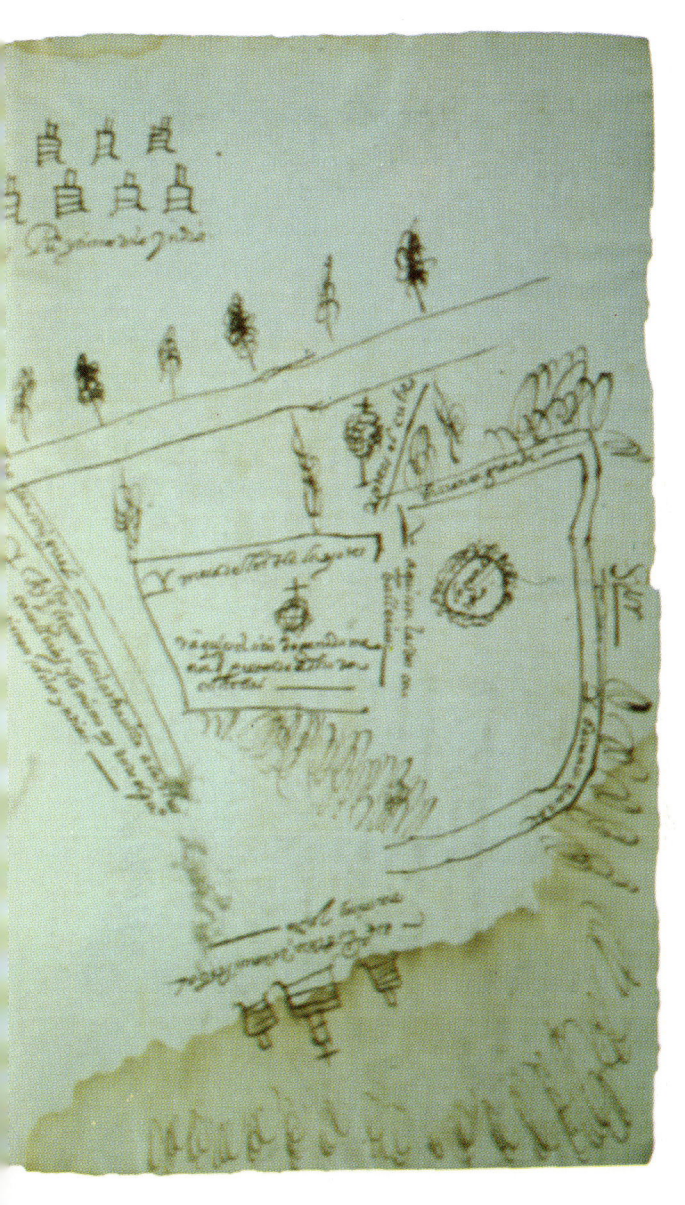

5, f. 10, núm. de catálogo 2114. Foto del Departamento de Reproducción

FIGURA 11. *La villa de San Miguel y tierras hacia el suroeste en 1591*
(tinta sobre papel, 30 x 20 cm)

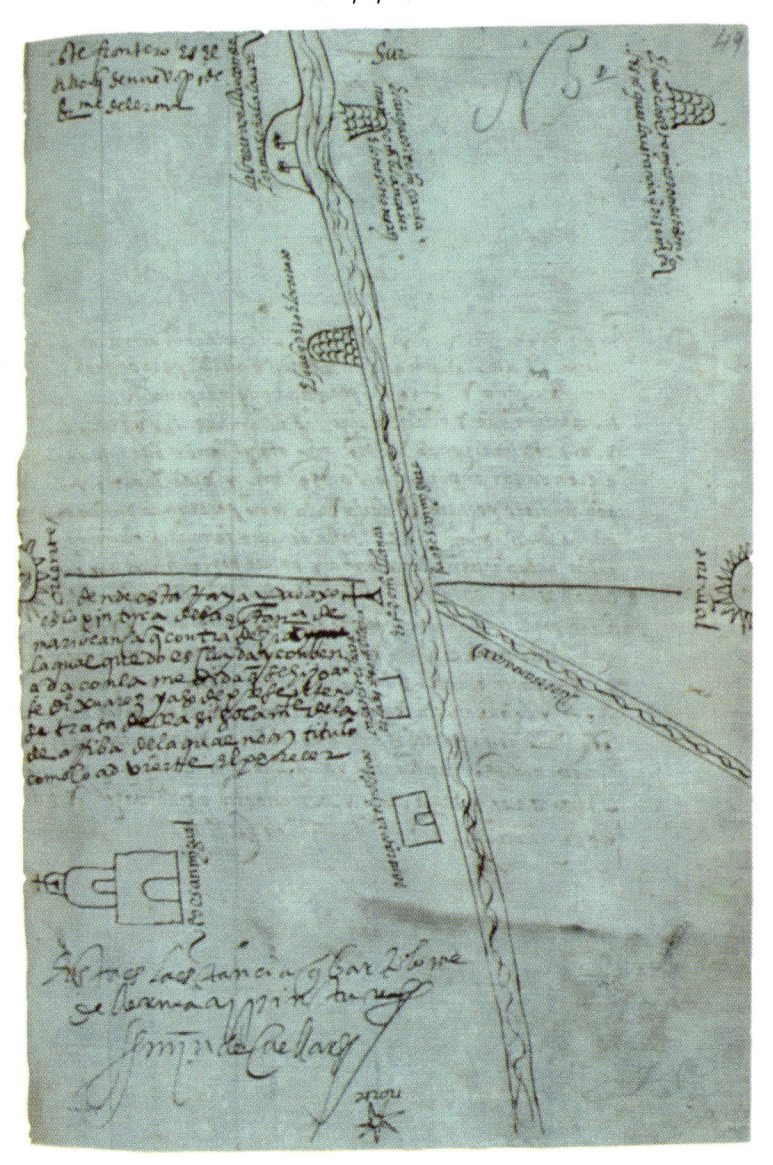

FUENTE: Archivo General de la Nación, grupo documental Tierras, vol. 2777, exp. 5, f. 49, núm. de catálogo 2129. Foto del Departamento de Reproducción Documental, Archivo General de la Nación.

quales en los negocios criminales no han de executar las centencias que dieren sobre muerte o mutilación de miembros, sin otorgar las dichas apelaciones como dicho es, ni conoscan de pleitos e causas tocantes a yndios más de solamente si acaheciere algún exceso entre ellos, prenden a los delinquentes en un fragante delicto y con información remitir las tales causas al dicho alcalde mayor a quien está encomendado el cono-
[Al pie de la foja: rúbrica de Nicolás de Robles.]

(F. 247 v.)
cimiento de sus causas y en la dicha elección de alcaldes y regidores se elijirán e nombrarán por tales alcaldes y regidores los que tubieren la mayor parte de votos conforme a derecho, los quales alcaldes y regidores sean cada año y después de assí elegidos les doi facultad para que assimismo en cada un año puedan nombrar un alguacil executor, para que entienda en las cosas tocantes a la execución de la justicia y prender los delinquentes y haser las demás cosas que le fueren mandadas y fecha la dicha elección, assí de los dichos oficios como de los otros, hagan el juramento y solemnidad que en tal caso se requiere que usarán y exerserán vien e fielmente los dichos sus cargos e oficios y la dicha elección la envíen ante mí y entretanto que vista se provea lo que convenga al servicio de su magestad, usarán los dichos oficios sin que a ello se les ponga impedimento alguno y para adelante en la elección de ella se tenga la orden siguiente: que los quatro regidores que se elijieren para este presente año de sesenta, el día de año nuevo siguiente, elijan otros quatro regidores, e los quatro que assí elixieren elijan para el año siguiente los al-

(F. 248 r.)
caldes y hasta que otra cosa se provea, se tenga la dicha orden y los que hubieren sido un año alcalde o regidor no lo pueda ser el año siguiente hasta que pasen dos y encargo a los dichos alcaldes y regidores que son o fueren de la dicha villa que tengan cargo de la buena governación de la dicha villa y república de ella y dar orden cómo se haga cassa de cavildo, cárcel e carnisería e las demás obras públicas e nesesarias al vien de la república, para lo qual todo que dicho es e para cada una casa e parte de ello, les doi poder cumplido según que en tal caso se requiere, e los dichos alcaldes e regidores con los dichos cargos gosen de todas las exempciones y libertades que por razón de ellos deven haver e gosar. Fecho en México a diez y siete días de el mes de diziembre de mil e quinientos e cinquenta y nueve años, don Luis de Belasco, por mandado de su señoría, Antonio de Turcios.
[Al margen:] *Otra.*
Yo don Luis [de Velasco, visorrey], etcétera, hago saver a vos el que es o

fuere alcalde mayor de la provincia de Xilotepeque e villa de San Miguel que por parte del consejo, vecinos e moradores de la dicha villa me ha sido pedido que en nombre de
[Al pie de la foja: rúbrica de Nicolás de Robles]

(F. 248 v.)
su magestad haga merced a la dicha villa para proprios de ella de dos citios de estancia para ganado menor con dos cavallerías de tierra en la demarcación de los yndios, en donde hubiere lugar y de un solar para una benta a linde de la villa, junto a el arroyo que sale de las huertas e de quatro solares para haser casas e tiendas para los proprios, por ende yo vos mando que llamando los vecinos de dicha villa, vaya a ver e vea la parte y lugar donde se piden los solares e tiendas, e para lo que toca a la estancia e cavallerías de tierra en la demarcación de los yndios, llaméis a los naturales que están poblados en dicha villa e con los unos e con los otros por lo que a cada parte toca sus pertinencias, averiguéis si de la dicha merced que la dicha villa pide de todo lo susodicho, está sin algún perjuicio y fechas las dichas averiguaciones, si constare por ellas que no viene daño ni perjuicio a tercero alguno le señaléis, midáis e amojonéis los dichos solares y citios de estancia y cavallerías de tierras y assí señalado, metáis en la posesión de todo ello a la parte de la dicha villa para que sea suyo e para proprios de ella por que fechas las diligen-

(F. 249 r.)
cias e averiguaciones e por vos dádole la dicha posesión, por la presente les hago merced en nombre de su magestad de los dichos cinco solares e dos cavallerías de tierra, e dos citios de estancia para el efecto que los piden e lo tengan por título vastante, qual de derecho en tal caso se requiere. Fecha en México, a diez y ocho de julio de mil quinientos sesenta y un años, don Luis de Velasco, por mandado de su señoría ylustrísima, Gerónimo López.
[Al margen:] *Escrito.*
Excelentísimo señor: Juan Francisco Xirón, por el cavildo y regimiento de la villa de San Miguel el Grande, como mejor proceda digo, que por los años de quinientos cinquenta y quatro a cinquenta y nuebe se fundó aquella poblasón y erijió en villa y se expidieron los despachos nesesarios para su fundación y por el de quinientos sesenta y uno se hiso merced a dicha villa para proprios de ella de dos citios de ganado menor, dos cavallerías, un citio para benta y quatro solares para casas y porque con el trascurso del tiempo se han confundido y mi parte nesesita tener en su archivo dichos instrumentos para su resguardo se ha de servir la justificación de vuestra excelencia mandar se me de uno o más testimo-

nios de ellos authorisados en forma a vuestra excelencia suplico assí lo mande que es justicia que pido y en lo nesesario etcétera. Juan Francisco Xirón.
[Al pie de la foja: rúbrica de Nicolás de Robles.]

(F. 249 v.)
[Al margen:] *Decreto.*
México y julio onze de mil setecientos quarenta y tres. Como lo pide. Rubricado del excelentísimo señor conde de Fuenclara, virrey, governador y capitán general de esta Nueva España.
[Al margen:] *Pie.*
Concuerda con sus originales que se hallan sentados en los libros del oficio de governación y guerra de este reyno de mi cargo a que me remito. Y para que conste donde convenga en virtud de lo mandado por el superior decreto que antecede, doi el presente. México, veinte y nueve de agosto de mil setecientos quarenta y tres, don Joseph de Gorráez.

Concuerda con el testimonio de que ba hecha mención que queda y se halla en uno de los libros de este cavildo con el número dos, desde la foxa seis hasta la catorze al que me refiero. Y para que conste en virtud de lo mandado pongo el presente en esta villa de San Miguel el Grande a veinte y dos de diziembre de mil setecientos setenta y cinco años, siendo testigos don Antonio Moreno, don Blas Cásares y Vicente Luciano de Luna, vecinos y presentes. Y ba en cinco foxas, la primera del papel del sello quarto y las quatro del común. Doi fe.

Hago mi signo [signo basado en el monograma de María con otros elementos] en testimonio de verdad.
Nicolás de Robles [rubricado],
escribano real, público y de cavildo.

3. LIBRANZA DE DOSCIENTOS PESOS AL CAPELLÁN DE LA VILLA DE SAN MIGUEL

Virrey Luis de Velasco I
24 de enero de 1564
Archivo General de la Nación, México, grupo documental Mercedes, volumen 7, foja 269 verso

[Al margen:] *Librança de 200 pesos al capellán de la villa de San Miguel de su salario de un año, conforme a la certificación del provisor de Mechoacán.*
Yo [don Luis de Velasco, visorrey], etcétera, hago saver a vos[otros] los oficiales de su magestad y bien saveis como por mí se dio un mandamiento [?] en diez y siete de julio del año de sesenta e uno por el qual se os manda que del aver y hazienda real que es a vuestro cargo diésedes y pagásedes al cura y capellán que fuese nonbrado por el reverendísimo obispo de Mechoacán, en la villa de San Miguel para tener cargo de la ynstruçión de los naturales que en ella están ponblados [sic], dozientos pesos de oro común de salario por un año y porque agora el padre Francisco Gutiérrez clérigo presbítero, me pidió que porque él avía servido tienpo de un año en la ynstruçión de los naturales de la dicha villa por nonbramiento del dicho obispo y así constava por çertificaçión del provisor de Mechoacán, le mandase pagar los dichos dozientos pesos de oro común y por mi bisto tento a lo susodicho y la dicha çertificaçión por donde consta que el dicho Francisco Gutiérres clérigo ha servido en la dicha villa el dicho tiempo de un año por ende por la presente os mando que del aver y hazienda real que es a vuestro cargo libreis deis y pagueis al dicho Francisco Gutiérrez clérigo o aquí en su poder obiere los dichos dozientos pesos de oro común y tomad su carta de pago con la qual y con este mandamiento tomada la razón en los libros de la contaduría de su magestad mando se os resciban en quenta. Fecho en México a 24 de henero de mil e quinientos sesenta y quatro años, don Luis de Velasco, por mandado de su señoría, Antonio de Turçios.

4. MERCED A TOMÁS BLÁSQUEZ, DE LA VILLA DE SAN MIGUEL, DE UN SITIO DE ESTANCIA DE GANADO MAYOR

Virrey Luis de Velasco I
26 de enero de 1564
Archivo General de la Nación, México, grupo documental Mercedes, volumen 7, foja 271 verso

[Al margen:] *Merced a Tomás Blasquez, vezino de la villa de San Miguel, de un sitio de estançia de ganado mayor con una cavallería de tierra en las Chichimecas, sin perjuizio.*
Yo, don Luis de Velasco, visorrey, etcétera, por la presente, en nombre de su magestad hago merced a vos Tomás Blasques, vezino de la villa de San Miguel, de un sitio de estançia para ganado mayor, con una cavallería de tierra en tierra [?] de Chichimecas, quatro leguas de la dicha villa, entre estancias de Luis de Moscoso y Saluago, en un xaral donde haze una ysleta los braços del río, la qual por mi mandado y comisión fue a ver y bido los alcaldes ordinarios de la dicha villa de San Miguel y fechas las diligençias y averiguaçiones en tal caso nesçesarias, declaro estar sin perjuizio y poderse os hazer la dicha merced y ser dentro de la demarcaçión de los españoles, la qual os hago conque no sea en perjuicio de su magestad, ni de yndios, ni de otro terçero alguno y dentro de un año tengais poblada la dicha estancia con el dicho ganado mayor y labrar y cultivar la dicha cavallería de tierra y si pasado el dicho año no la poblardes y cultivardes la dicha tierra, la puedan pedir por despoblada y dentro de tres años no la podais bender ni enagenar, so pena que esta merced será en sí ninguna e de ningún balor y efeto y guardeis las ordenanças que están fechas y los demás cargos que guardan los demás vezinos de la dicha villa para aver de gozar de esta merced y cumpliendo lo que dicho es, sea vuestra y de vuestros herederos y subçesores y de aquel o aquellos que de vos o de ellos tubieren título y causa y como de cosa vuestra adquirida con justo título podais disponer a quien por bien tubierdes con tanto que no sea a yglesia, monesterio ni otra persona eclesiástica, pasado el dicho término y de la posesión que della tomardes mando que no seais despojado sin ser primeramente oydo y por [?] fuero y por derecho bençido ante quien y con derecho devais. Fecho en México a 26 de henero de mil e quinientos e sesenta e quatro años, don Luis de Velasco, por mandado de su señoría, Antonio de Turçios.

5. DECLARACIÓN PROHIBIENDO LOS RODEOS DE GANADO EN SAN MIGUEL

Virrey Luis de Velasco I
27 de enero de 1564
Archivo General de la Nación, México, grupo documental Mercedes, volumen 7, foja 273 recto y verso

(F. 273 r.)
[Al margen:] *Declaración çerca de lo que está probeído, que no se haga rodeo de ganado en los términos de la billa de San Miguel.*
Yo, don Luis de Velasco, etcétera, por quanto Gaspar Salbago me hizo relación que ya me constaba como en el balle de Chamacuero, que es en los Chichimecas, tiene çiertas estancias de ganado mayor, e los alcaldes de la villa de San Miguel e los vecinos de ella, le hazen de ordinario muchas molestias e bexaçiones, entre las quales procuran merçedes de estançias e caballerías de tierra, e por mí se comete la visita dellas a los alcaldes de la dicha villa, los quales como enemigos suyos señalan las dichas estançias e tierras en los términos de las dichas sus estançias y caballerías. Ven gran daño y perjuizio de las demás, de lo qual se les dio mandamiento en que se proibe so grabes penas que ningunas que ningunas [sic] personas puedan hazer rodeo de ganado en los términos de la dicha villa, en lo qual rescibía agrabio notorio, e como tal agrabiado, me pidió mandase suspender lo probeído, en quanto a los dichos casos en fabor de la dicha villa, de lo qual mandé dar traslado a la parte de la parte [sic] de la dicha villa, por la qual fue respondido no haber lugar. Lo que pedía el dicho Gaspar Salbago, por ciertas razones que alegaron e por mí visto, atento a lo susodicho, probeyendo çerca dello lo que me paresçe ser justo, por la presente declaro y mando que en quanto a lo que está probeído açerca de que no se hagan rodeos de ganado en términos de la dicha villa de San Miguel, se entienda que las dichas personas a quien está proibido, los puedan hazer conque quando los obieren de fazer den primero notiçia dello a los alcaldes de la dicha villa de San Miguel para que uno dellos o la persona que se nonbrare por parte de la dicha villa les señale la parte e lugar donde an de hazer el dicho rodeo, sin perjuizio de las labranças de los vezinos e naturales y en quanto

(F. 273 v.)
cometan las bisitas de las estançias e tierras a los alcaldes de la dicha villa, se declara que no se les dará tal comisión sino a quien me paresçiere que conbenga, para que llamadas las partes lo bea e haga las diligençias acostunbradas. Fecho en México a 27 de henero de mil e quinientos y sesenta e quatro años, don Luis de Velasco, por mandado de su señoría, Antonio de Turçios.

6. MERCED A JUAN RANGEL, DE LA VILLA DE SAN MIGUEL, DE TIERRAS Y ESTANCIAS

Virrey Luis de Velasco I
29 de enero de 1564
Archivo General de la Nación, México, grupo documental Mercedes, volumen 7, foja 277 recto y verso

(F. 277 r.)
[Al margen:] *Merced a Ju° [Juan] Rangel, vezino de la villa de San Miguel, de las tierras y estançias que se dan a otros vezinos.*
Yo [don Luis de Velasco, visorrey], etcétera, hago saver a vos el alcalde mayor de la provincia de Xilotepeque o a vuestro lugarteniente y por auçençia de qualquier de vos, a los alcaldes ordinarios de la villa de San Miguel, que Juan Rangel, vezino de la villa de San Miguel y casado, me a pedido que como a tal le hiziese merced en nonbre de su magestad de las tierras, estançias, guertas y solar que se suele dar y an dado a cada uno de los vezinos della. Atento a lo susodicho, por la presente os mando

(F. 277 v)
que si el dicho Juan Rangel es vezino en esa dicha villa y que no se le ayan dado los aprovechamientos que a de aver como los demás, con cargo de su vezindad, le deys y señaleys, en los términos que averiguadamente pertenesçen a la dicha villa, sin perjuicio de su magestad ni de los vezinos, en la demarcaçión de los españoles, de un sitio de estançia y de dos cavallerías de tierra y de un solar en que hedifique su casa y de una suerte de guerta en la parte que obiere dispusiçión y el señalare sin perjuicio y en la traça de la dicha villa el dicho solar y la dicha suerte de guerta, como a los demás vezinos y así señalado, le metais en la posesión dello, no aviendo contradiçión alguna, porque siéndole por bos dado, mando que no sea despojado el susodicho de la posesión sin ser primeramente oydo y bençido y en nonbre de su magestad, desde agora con las dichas declaraçiones hago merced al dicho Juan Rangel de todo lo que dicho es, guardando las ordenanças y cargos que guardan y son obligados a cumplir los demás vezinos de la dicha villa para averiguar aver de gozar de la estançia y tierras, solar y guerta que se les da con apercibimiento, que haziendo lo contrario o siendo en perjuicio, esta merced sea ninguna. Fecho en México a 29 de henero de mil e quinientos e sesenta e quatro años, don Luis de Velasco, por mandado de su señoría, Antonio de Turçios.

7. MANDAMIENTO A LA VILLA DE SAN MIGUEL PARA QUE USE SU JURISDICCIÓN EN SUS TÉRMINOS CONFORME A LA MERCED QUE TIENE

Virrey Luis de Velasco I
31 de enero de 1564
Archivo General de la Nación, México, grupo documental Mercedes, volumen 7, foja 280 recto y verso

(F. 280 r.)
[Al margen:] *Para que la villa de San Miguel use de su juredición en sus términos, conforme a la merced que tiene de su magestad, hasta que otra cosa se provea.*
Yo [don Luis de Velasco, visorrey], etcétera, por quanto yo di comisión a Juan Gutierres de Bocanegra, alcalde mayor de las minas de Guanaxuato, para que averiguase lo que pedía la parte de la villa de San Miguel contra Gaspar Salvago en razón que en perjuicio de la merced que tiene la dicha villa sobre que le sean guardados sus términos, límites y mojoneras, tenía el susodicho poblados a estos yndios en las estançias de Santiago y San Francisco y se aprovechaba dellos so color de estar poblados en sus estançias, siendo al contrario, porque no lo estavan, sino en los términos de la dicha villa y como tales estavan obligados a acudir

(F. 280 v.)
a ella a la doctrina y a las obras públicas, el qual dicho alcalde mayor hizo sobre el caso ciertas diligençias y averiguaciones y las enbió con su paresçer ante mí y siendo bistas, proveyendo çerca de la dicha diferençia lo que de justicia deve ser fecho, por la presente declaro y mando que la dicha villa de San Miguel huse de su juredición en los propios términos della, conforme a la merced que tiene de su magestad y los límites que están señalados, sin que ningunas personas les sea puesto enbargo alguno hasta tanto que por su magestad otra cosa se provea y mande, en lo qual la dicha villa sea anparada para que no sea perturbada en la dicha merced. Fecho en México, a 31 de henero de mil e quinientos e sesenta e quatro años, don Luis de Velasco, por mandado de su señoría, Antonio de Turçios.

8. MANDAMIENTO OBLIGANDO A LOS INDIOS DE LAS ESTANCIAS DE SANTIAGO Y SAN FRANCISCO, EN EL VALLE DE CHAMACUERO, A MANDAR SEIS TRABAJADORES A LA VILLA DE SAN MIGUEL

Virrey Luis de Velasco I
1º de febrero de 1564
Archivo General de la Nación, México, grupo documental Mercedes, volumen 7, foja 281 verso

(F. 281 v.)
[Al margen:] *Pedimiento de la villa de San Miguel sobre que los yndios de las estancias de Santantonio* [sic por Santiago] *y San Francisco no hagan novedad en el dar de los seys yndios que suelen dar, pagándoles su trabajo.*
Yo don Luis de Velasco, visorrei, etcétera, por quanto Tomás de Espinosa por sí y en nonbre de la villa de San Miguel me hizo relación que estando en uso y costumbre los naturales de las estançias de Santiago y San Francisco, que están en términos de la dicha villa, en el valle de Chamacuero, de dar seis yndios en la dicha villa para el desiervo de las sementeras y para yerva a los cavallos y otras ayudas permitidas, no lo hazen de presente porque no quieren acudir a la dicha villa con los dichos yndios, de cuya causa los vezinos della padesçen estrema nesçesidad y me pidieron les mandase conpeler a que no hiziesen novedad alguna y que diesen los dichos seis yndios sin hazer novedad y por mi bisto atento a lo susodicho, por la presente mando a los naturales que están poblados en las dichas estançias de Santiago y San Francisco que no hagan novedad alguna de lo que hasta aquí an fecho sobre el caso que de suso se haze minsión y de aquí adelante den en la dicha villa a los dichos vezinos de la villa de San Miguel los dichos seys yndios para las cosas que an tenido de uso y costumbre, pagándoles su travajo a razón de 200 reales y medio cada semana y haziéndoles todo buen tratamiento, so pena que serán conpelidos a que los den. Fecho en México a primero de febrero de mil e quinientos e sesenta e quatro años, don Luis de Velasco, por mandado de su señoría, Antonio de Turçios.

9. MANDAMIENTO PARA QUE LOS INDÍGENAS PRINCIPALES DE SAN MIGUEL PUEDAN APROVECHAR UNAS SALINAS EN EL VALLE DE CHAMACUERO

Virrey Luis de Velasco I
1° de febrero de 1564
Archivo General de la Nación, México, grupo documental Mercedes, volumen 7, fojas 282 verso, 283 recto

(F. 282 v.)
[Al margen:] *Para que el governador y dos prençipales de la villa de San Miguel no sean ynpedidos en el aprovechamiento de ciertas salinas si ellos las descubrieron, hasta que otra cosa se provea.*
Yo don Luis de Velasco, visorrei, etcétera, por quanto don Juan, governador de la villa de San Miguel y don Francisco y don Diego, yndios prençipales della, me hizieron relación que ellos con su yndustria y travajo an descubierto una mina de sal en el rio de San Miguel, seys leguas de la villa el rio abaxo, donde dizen Atotonilco, que ba dezir aguas calientes y me pidieron que porque se temían que algunas personas querrían tomarles y ocuparles las dichas salinas y por fuerça y contra su voluntad, les mandase dar liçençia para laballas y cultivallas y aprovecharse dellas sin que les fuese puesto enbargo alguno y en nonbre de su magestad hiziese merced a cada uno dellos de una cavallería de tierra en el valle de Chamacuero para las dichas Salinas y por mí bisto atento a lo susodicho, por la presente mando a todas y qualesquier justiçias y otras

(F. 283 r.)
personas que si los dichos don Juan, governador de la villa de San Miguel y don Francisco y don Diego, yndios, descubrieron las dichas salinas libremente, se las dexasen labrar y cultivar y gozar hasta que se provea y mande otra cossa en contrario y en quanto a las dichas tres cavallerías de tierra que piden los dichos tres prençipales e governador y mando al alcalde mayor de la provincia de Xilotepeque o su lugarteniente en el pueblo de Querétaro que las vean y llamadas las personas a quien tocare y pretendieren que les para perjuicio averigue si de se hazer merced dellas a los sobredichos les bendrá algún perjuicio o no y fecha la dicha averiguaçión, juntamente con su paresçer, los enbíe ante

mí para que se provea lo que conbenga, dexando a los dichos governador y prençipales este mandamiento original para lo que toca a las salinas y se saque un treslado auturizado [sic] para en lo demás. Fecho en México a primero de febrero de mil e quinientos e sesenta e quatro años, don Luis de Velasco, por mandado de su señoría, Antonio de Turçios.

10. INFORMACIÓN DE MÉRITOS Y SERVICIOS DE HERNANDO DE TAPIA

1569-1571 [copia hecha en 1724]
Archivo General de la Nación, México, grupo documental Tierras, volumen 417, expediente 1, fojas 108 recto-120 recto

(F. 108 r.)
[Al margen:] [Sello con un escudo real:] Un quartillo.
SELLO QUARTO, UN QUARTILLO, AÑO DE MIL SETECIENTOS Y VEINTE Y QUATRO [sello con el escudo real:] UN QUARTILLO
Domingo de Vivanco, escrivano real y público de esta novilíssima ciudad de Santiago de Querétaro y su jurisdicción por su magestad, en conformidad de lo pedido por la parte del real comvento de señoras religiosas de Santa Clara de Jesús de esta dicha ciudad; por el escripto presentado ante el señor don Alexandro de Escorza y Escalante, theniente general de esta dicha ciudad y en virtud del auto que a él se proveyó y citación fecha al procurador de los naturales; procedo a sacar el testimonio de los recados que por dicho escripto se piden, que a la letra son en la forma y manera siguiente:
[Al margen:] *Real provisión expedida a pedimento de don Fernando de Tapia para que se le reciviese información de la conquista y otras cosas que por ella se verá.*
Don Phelipe, por la gracia de Dios rey de Castilla, de León, de Aragón, de las dos Sicilias, de Jerusalén, de Navarra, de Granada, de Toledo, de Valencia, de Galicia, de Mallorca, de Sevilla, de Cerdeña, de Córdova, de Córzega, de Murcia, de Jaén, de los Algarves, de Algecira, de Jibraltar, de las yslas de Canaria, de las Yndias, yslas y tierra firme del mar Océano, conde de Flandes y de Tirol, etcétera. A los mis correxidores, alcaldes mayores y ordinarios, e otros jueces e justicias qualesquier de todas las ciudades,
[Rúbrica del escribano.]

(F. 108 v.)
villas y lugares de los reynos y señoríos en cada uno e qualqúier de vos e buestras jurisdicciones, ante quien esta nuestra carta fuere presentada, salud e gracia; sepades que en la nuestra Audiencia, Corte e Chanzillería que reside en la ciudad de México de la Nueva España, ante el pressidente e oydores de ella, pareció la parte de don Fernando de Tapia, caci-

que y governador del pueblo de Querétaro [al margen: *Ojo*], e por una petición nos hizo relación diciendo que a su derecho comvenía hacer ynformación de los méritos y servicios que nos havía fecho en la conquista e pacificación y doctrina y buen exemplo que havía dado en la fundación de el dicho pueblo de quarenta años a esta parte [al margen: *Ojo*], y nos pidió y suplicó que citado nuestro fiscal le mandásemos recivir la dicha ynformación y porque algunos de los testigos que en ella havía de presentar estavan fuera de la dicha nuestra Corte le mandásemos dar nuestra carta receptoria para que vos les tomásedes sus juramentos dichos y deposiciones o que sobre ello proveiésemos como la nuestra

(F. 109 r.)
merced fuesse, lo qual por los dichos nuestro presidente e oydores visto, fue acordado que devíamos mandar dar esta nuestra carta en la dicha razón y nos tuvímoslo por bien por la qual vos mandamos que si ante vos pareciere la parte del dicho don Fernando de Tapia, con esta nuestra carta y de ella vos pidiere cumplimiento, haced parecer ante vos a todas las personas que por su parte vos fueren nombrados y presentados por testigos en la dicha caussa y assí parecidos por ante escrivano toméis y reciváis de ellos y de cada uno de ellos juramento en forma devida de derecho y sus dichos y deposiciones de cada uno por sí [al margen: *Ojo*] y sobre sí, secreta y apartadamente, preguntándoles en principio de sus dichos por las preguntas generales de la ley [al margen: *Ojo*], y luego por las de el interrogatorio o ynterrogatorios que ante vos serán presentados, firmados del nuestro escrivano de cámara yuso escrito, contando que no examinéis de treinta años arriva por cada pregunta de el dicho ynterrogatorio [al margen: *Ojo*] y al testigo que digere que save alguna cossa de lo conthenido en la pregunta preguntadle cómo
[Rúbrica del escribano.]

(F. 109 v.)
lo save; y al que dijere que lo vio que cómo e por qué lo vio [al margen: *Ojo*]; y al que lo oyó decir que a quién e quándo, por manera que cada uno de los dichos testigos dé razón suficiente de su dicho y deposición [al margen: *Ojo*]; y encargaldes [sic] el secreto de ello fasta la publicación y lo que dixeren y depusieren con los autos que sobre ello pasaren escrito e limpio, firmado de buestro nombre y del escrivano ante quien pasare, signado, çerrado y sellado en pública forma y manera que haga fe; lo haced dar y entregar a la parte del dicho don Fernando de Tapia [al margen: *Ojo*] para que lo pueda traer e presentar ante los dichos nuestro presidente e oydores [al margen: *Ojo*] para guarda de su derecho,

pagando al dicho escrivano los derechos que por ello obiere de haver, los quales asiente y firme al pie de ello y lo que dixeren y depusieren con los autos que sobre ello pasaren escrito en limpio, firmado y signado según dicho es; y antes y primero que por virtud de esta nuestra carta hagáis provanza alguna os conste [al margen: *Ojo*] cómo fue notificado a la parte del doctor Céspedes de Cárdenas, nuestro fiscal,

(F. 110 r.)
para que si quisiere por lo que toca a nuestro fisco e[n]bíe persona que se halle presente a ver presentar, jurar y conozer los testigos que en este negocio se ubieren de examinar [al margen: *Ojo*] con apercevimiento que la provanza que de otra manera se hiciere sea en sí ninguna y de ningún valor y efecto y non fagades endeal [sic] por alguna manera so pena de la nuestra merced y de cien pessos de oro para la nuestra cámara. Dada en la ciudad de México a nueve de el mes de noviembre de mil e quinientos y sesenta y nueve años. [Al margen: *Ojo*.] Don Martín Enríquez. El doctor Orozco. El doctor Villanueva. El doctor Alonso de Oceguera. Yo Gordián de Sasano, escrivano de cámara y de la Audiencia y Chancillería Real de la Nueva España por su magestad, la fice escrivir por su mandado con acuerdo de su presidente e oydores. Registrada, Juan Serrano. Tomé razón, Andrés de Cabrera, para que las justicias en persona recivan ynformazión de la calidad méritos de don Fernando de Tapia, cazique de el pueblo de Querétaro. Secretario Lazasano, correxida. [Al margen: *Ojo*.]
[Al margen:] *Zitazión fecha al señor fiscal de su magestad en la ziudad de México.*
En la ciudad de México en diez días de el mes de noviembre de mil e quinientos e sesenta e nueve años, yo Fernando de Soto, escrivano de su magestad y receptor de la Audiencia
[Rúbrica del escribano.]

(F. 110 v.)
Real de esta Nueva España, cité al doctor Céspedes de Cárdenas, fiscal de su magestad de esta Real Audiencia con la carta e provissión real de esta otra parte para poder ver jurar todos los testigos que por parte de ella e por ante escrivano el qual dijo que lo oie, testigo Alonso Vázquez e Julián de Gromendi estantes en México. Doctor Cárdenas. Fernando de Soto, escrivano de su magestad.
[Al margen:] *Presentación de la real provisión y citación fecha al señor fiscal.*
En el pueblo de Querétaro, provincia de Gilotepeque, en honce días del mes de agosto de mil y quinientos y setenta y un años, ante el muy magnífico señor Pedro de Montes de Oca, justicia mayor de Acámbaro y juez

de este dicho pueblo por su magestad, pareció don Hernando de Tapia, cacique y governador de este dicho pueblo y presentó esta carta de provisión real de su magestad y junto con ella un ynterrogatorio de preguntas firmado de el secretario de la Audiencia e pidió cumplimiento de ella y testimonio. [Al margen: *Ojo.*]
[Al margen:] *Obedezimiento de el juez.*
Y cumpliéndolo y leída la dicha provissión real de su magestad el dicho señor juez

(F. 111 r.)
la tomó en sus manos y besó y puso sobre su caveza y dixo que la ovedecía y ovedeció con el acatamiento e reverencia que deve a una carta y mandato de su rey y señor natural y que está presto de lo cumplir como su magestad lo manda y en cumplimiento de ello mandó al dicho don Fernando que traiga y presente los testigos de su información y de su provecho, que él está presto de examinar sus dichos, y lo firmó de su nombre. Pedro de Montes de Oca. Fecho ante mí, Rodrigo Sánchez, escrivano de su magestad.
[Al margen:] *Ynterrogatorio de preguntas presentado por don Fernando de Tapia.*
Por las preguntas y artículos siguientes sean preguntados y examinados los testigos que fueren presentados en la ynformación de don Fernando de Tapia, cacique y governador que ha sido del pueblo y provincia de Querétaro que pretende hacer de los méritos y servicios que a su magestad ha hecho en la pacificación del dicho pueblo y provincia para cocurrir [sic] ante su magestad, presidente e oydores de esta Real Audiencia de México, digan lo que saven.

1. Primeramente si conozen al dicho don Fernando y al doctor Zéspedes de Cárdenas, fiscal de su magestad y si tienen [al margen: *Ojo*] [Rúbrica del escribano.]

(F. 111 v.)
noticia de el pueblo e provincia.

2. Yten, si saven dichos que adonde agora está poblado el pueblo de Querétaro estava despoblado y puede haver treinta años poco más o menos [al margen: *Ojo*] que el dicho don Fernando con sus amigos comenzó a poblar y atrajo assí a los bravos chichimecos que havía en la comarca que estavan por las sierras y barrancos de ella [al margen: *Ojo*] que andavan en desservicio de Dios nuestro señor e de su magestad, y los trajo de paz, unas veces por bien, y otras por mal, digan lo que saven.

3. Yten, si saven que el dicho don Fernando con algunos amigos y deudos que tenía salieron de Gilotepeque [al margen: *Ojo*] e andando

muchos años vestidos de pieles de animales, pasando muchos travajos de ambres y otras necessidades que padeció por el dicho tiempo [al margen: *Ojo*] y después conquistó y atrajo a los dichos chichimecas al servicio de su magestad y al servicio de Dios nuestro señor, unas veces por bien y otras veces por fuerzas de armas, digan lo que saven. [Al margen: *Ojo.*]

4. Yten, si saven que fuera del dicho pueblo que está poblado de otomites y chichimecas y mexicanos y otros muchos pueblos [al margen: *Ojo*]

(F. 112 r.)
dél sugetos en los quales ay monasterios de frailes y ay españoles de que Dios nuestro señor y buestra Magestad es muy servido, y es mui fértil comarca de donde se provee en las minas de Zacatecas y otras partes. [Al margen: *Ojo.*]

5. Yten, si saven que el dicho don Fernando a muchos años que se baptizó que fue caussa que a otros muchos lo hicieron y siempre ha sido mui buen christiano y dado muy buen exemplo y buena quenta de los dichos cargos que ha tenido y en las entradas que después acá se an echo, siempre a servido a Vuestra Magestad con gente y con mucha parte de sus vienes que en ello a gastado como su leal vasallo. [Al margen: *Ojo.*]

6. Yten, si saven que el dicho don Fernando de Tapia es casado y velado según orden de la Santa Madre Iglesia con doña Magdalena, su muger, de cuio matrimonio an tenido y procreado por sus hijos lexítimos a don Diego de Yntapia [sic] y a doña María, que tiene casada con don Miguel de Avalos y a doña Cathalina, muger de don Gaspar de Salazar y a doña Magdalena y doña Beatriz, digan lo que saven.

7. Yten, si saven que por ser el dicho don
[Rúbrica del escribano.]

(F. 112 v.)
Fernando de la suerte y calidades ansí dichos, los governadores de esta Nueva España siempre le an proveydo de cargo de governador de el dicho pueblo de que como es público, a dado muy buena quenta y le an dado las tasaciones como a tal governador.

8. Yten, si saven y es público y notorio que por yndustria y buena doctrina y diligencia de chichimeca con que el dicho don Fernando y una taeración [sic] dones y otros modos que entre ellos se usan a traído e pacificado y poblado el pueblo de Sichú con sus sugetos e hasta el valle de Pozinquia [al margen: *Ojo*] y a sido causa que por este principal que fuessen christianos y estén en servicio de Dios y de su magestad, digan lo que saven, creen y oieron decir, etcétera.

9. Yten, si saven los testigos que el dicho don Fernando fue primero poblador y fundador con su gente de los naturales de San Miguel y

adonde al presente fundada en la villa de San Miguel de [l]os españoles [al margen: *Ojo]*, tan necessaria a la comarca y fundó con sus amigos y pobladores el primer monasterio que ubo en ella, digan lo que saven.

10. Yten, si saven que el dicho don Fernando fue el primero descubridor y poblador [al margen: *Ojo]*

(F. 113 r.)
de el valle de Apaseo que es un valle donde se coxe mui gran cantidad de trigo de riegos y maysales y alboledas y otras legumbres de Castilla y de la tierra y en el dicho valle se remediaron mucha cantidad de españoles y naturales, digan lo que saven.

11. Yten, si saven que atento los dichos servicios y calidad de persona de el dicho don Fernando y a que es amigo de hacer bien y favorecer a probes [sic], cave en él ante vuestra merced que su magestad y su mui exelentísimo virrey en su real nombre fuese servido de le hacer con sí de governador [al margen: *Ojo]* como e de otro mucho mayor que soy y que es justo que sus hixos ansimesmo sean jueces e governadores, digan lo que saven.

12. Yten, si saven que la población de el dicho pueblo y provincia es mui grande en cuia poblazión y pulicía a travaxado mucho el dicho don Fernando en que todo lo susodicho es público y notorio. Don Ernando de Tapia. Gordián de Sasano, escrivano.

[Al margen:] *Presentazión de los testigos para la informazión y juramento recividos secretamente por el juez y escrivano.*

En el pueblo de Querétaro en treinta días del mes de agosto de mil y quinientos y setenta y un años, ante el muy magnífico señor Pedro de Villegas, alcalde mayor de esta provincia de Gilotepeque por su magestad, [Rúbrica del escribano.]

(F. 113 v.)
presentó don Hernando de Tapia, cacique y governador de este dicho pueblo, y presentó por testigos a Augustín de Montoyo, Silvestre Martín como vecinos estantes de este dicho pueblo, de los quales y de cada uno de ellos el dicho señor alcalde mayor tomó e reciviό juramento por Dios e por Santa María e por la señal de la cruz en forma de derecho, so cargo del qual prometieron de decir verdad de lo que an visto, supiessen y les fuesse preguntado azerca de lo que sean preguntados por testigos y a la execución y cumplimiento de el dicho juramento dijeron y juró y su ánima. Pedro de Billegas. Fecho ante mí, Rodigo [sic] Sánchez, escrivano de su magestad.

[Al margen:] *Presentación de un testigo clérigo presvítero para la ynformación referida.*

E después de lo susodicho en treinta días del dicho mes y año susodicho ante dicho señor alcalde mayor el dicho don Fernando presentó por testigo a Juan Sánchez de Alanis, clérigo presbítero, cura de Sichú, del qual el dicho señor alcalde mayor, haviendo puesto su mano en su ávito y pecho, tomó e reció su merced por Dios e por Santa María y por la señal de la Cruz en forma de derecho, so cargo del qual prometió decir verdad según

(F. 114 r.)
lo que dicho es. Pedro de Villegas. Fecho ante mí Rodrigo Sánchez, escrivano de su magestad.
[Al margen:] *Testigo Juan de Montoio, vezino del pueblo de Apaseo, de la edad de más de 60 años, y no le tocan las generales.*
El dicho Juan de Montoyo, vecino y residente en el pueblo de Apaseo, estante en este pueblo de Querétaro, provincia de Gilotepeque, testigo presentado por el dicho don Hernando, haviendo jurado por Dios e por Santa María e por la señal de la cruz en forma de derecho, haviendo preguntado por el ynterrogatorio, dijo lo siguiente.
1. A la primera pregunta dixo que conoce al dicho don Hernando de diez y ocho o veinte años a esta parte de vista y halló y vido al fiscal de su magestad el doctor Céspedes de Cárdenas de muchos años a esta parte y que tiene noticias y conocimiento del dicho pueblo y por lo mucho que a estado en él. [Al margen: signo del escribano, difícil de interpretar.]
Preguntado por las generales preguntas, dijo que es de hedad de más de sesenta años, y que no le tocan ninguna de las generales, y que no es pariente de ningunas de las partes.
2. A la segunda pregunta dijo que lo con-
[Rúbrica del escribano.]

(F. 114 v.)
thenido en la pregunta este testigo oyó y a oydo decir públicamente a muchas personas españoles viejos antiguos que la tierra, en expecial es Ernán Pérez de Vocanegra y a Juan Sánchez de Alanis y a Martín Jofre.
3. A la tercera pregunta dijo que este testigo oyó decir mucho tiempo a, que unos españoles vinieron con el dicho don Ernando y sus hermanos e uno que se dice don Antonio y otros yndios sus amigos; havían salido del dicho pueblo de Gilotepeque a hacer la dicha conquista y que havían passado mucho travajo, y que este testigo tiene por visto que no dejaron de pasar el dicho travaxo por ser la tierra mayor y toda de chichimecas [al margen: *Ojo aquí con cuidado*] y dejadas, y que no se acuerda de los nombres de las personas a quien lo oyó decir, y que estando el doctor Santillán, oydor que fue de esta Real Audiencia, vissitando

aqueste real que tenía y él de Tolimán, sujeto a este pueblo, e oyó decir todo lo conthenido en la dicha pregunta a españoles que resistían plazas antiguas, que no se acuerda de sus nombres. [Al margen: *Ojo.*]

(F. 115 r.)

4. A la quarta pregunta dijo que save como la pregunta dice porque assí lo a visto y vio ser y passar como la pregunta lo declara.

5. A la quinta pregunta dijo que este testigo tiene al dicho don Hernando por buen christiano y por bautizado, y que siempre le a visto este testigo hacer obras de christiano y predicar a los yndios en lengua chichimeca en el patio de la yglessia y monasterio de este pueblo, aviendo frailes y clérigos en el dicho monasterio, sin que los dichos frailes y clérigos no entendían la lengua chichimeca [al margen: *Ojo aquí con cuidado a lo que este testigo declara de la predicación a los chichimecos*], y que a visto que a sido governador en este dicho pueblo y que a dado quenta buena del dicho cargo, y con su buena yndustria y buena governación a poblado este dicho pueblo de Querétaro y otros su[s] sujetos de otomites y chichimecas y que todo lo que a echo save este testigo que lo ha echo el dicho don Hernando en servicio de Dios nuestro señor y de su magestad [al margen: *Ojo*], y en pacificación de estos dichos pueblos y esto save de esta pregunta.

[Rúbrica del escribano.]

(F. 115 v.)

6. A la sesta pregunta dijo que save como la pregunta lo dice porque desde dicho tiempo que dicho tiene que a que conoze al dicho don Hernando, a visto al dicho don Hernando y a la dicha doña Magdalena su muxer acer vida maridable como tales marido y muger y haver tenido sus hijos a los conthenidos en la pregunta y por tales ser avidos e tenidos.

7. A la séptima pregunta dijo que es assí como la pregunta dice y más lo a visto ser tal governador y el ilustrísimo señor don Luis de Velasco, visorrey y governador de esta Nueva España, vio este testigo que tenía en mucho al dicho don Hernando por ser tal persona como dicho tiene y siempre los dichos señores governadores de esta Nueva España y los señores de la Real Audiencia de esta Nueva España an tenídole muy a su quenta al dicho don Hernando. [Al margen: *Ojo con lo que esta pregunta declara por ser mui del casso.*]

8. A la octava pregunta dijo que dice lo que dicho tiene y lo demás no save.

9. A la novena pregunta dijo que la save como en ella se contiene porque este testigo vio que fue el poblador como la

(F. 116 r.)
pregunta dice y que después que el dicho don Hernando se vino deste pueblo de Querétaro dejó la governación de San Miguel, muchos de los yndios que estavan en la dicha villa de San Miguel se vinieron a este pueblo de Querétaro y acojió y esto save. [Al margen: *Ojo.*]

10. A la décima pregunta dijo que dice lo que dicho tiene y lo demás no save.

11. A las once preguntas dijo que todo quanto de lo que este testigo tiene dicho es según dicho lo tiene este testigo, que siendo en monta de ello decirlo lo puede hacer que le ymporte porque save del dicho don Hernando.

12. A las doce preguntas dijo que save e a visto que esta dicha provincia y poblazón del dicho pueblo de Querétaro es grande y que lo demás que dice la pregunta dice lo que dicho tiene, y ésta es la verdad so cargo del juramento que hizo, y lo firmó de su nombre aviéndole leído este su dicho a este testigo. Pedro de Villegas. Juan de Montoyo. [Rúbrica del escribano.]

(F. 116 v.)
[Al margen:] *Testigo Silvestre Martín, español, de hedad de más de 60 años.*
El dicho Silvestre Martín, vecino del pueblo de Querétaro, testigo presentado por el dicho don Hernando de que fue recivido juramento por Dios e por Santa María e por la señal de la cruz en forma de derecho, e siendo preguntado por las preguntas del ynterrogatorio, dijo lo siguiente.

1ª A la primera pregunta dijo que conoce al dicho don Hernando de Tapia de diez e siete e diez e ocho años a esta parte y a el fiscal de su magestad de muchos años a esta parte y que tiene noticia y conocimiento del dicho pueblo y provincia del dicho tiempo. [Al margen: signo del escribano, difícil de interpretar.]

Preguntado por las generales dijo que es de hedad de más de sesenta años y que no es pariente de ninguna de las partes y que no le tocan ninguna de las generales.

2. A la segunda pregunta dijo que no la save.

3. A la tercera pregunta dijo que no la save más de que a oydo decir que el dicho don Hernando es natural

(F. 117 r.)
de Opala [sic por *Nopala*], pueblo sujeto de Jilotepeque.

4. A la quarta pregunta dixo que fuera del dicho pueblo que está poblado ay otros sujetos que están en ellos yndios otomites y chichimecas y que en este pueblo de Querétaro ai españoles y cantidad de yndios que se an juntado de otros que hizo la lista el doctor congregador, y que

ay ministro de frailes franciscanos y que es pueblo fértil y a visto sacar de él vastimentos para los yndios de Zacatecas y San Luis.

5. A la quinta pregunta dixo que este testigo tiene al dicho don Hernando por christiano y bautizado porque assí lo parece por sus hechos y que del tiempo que se bautizó el dicho don Hernando y los demás yndios no tiene noticia y que no lo ha visto tener cargos ningunos sino ser principal de este pueblo y que le vio ser governador de este pueblo algún tiempo y que siendo alcalde mayor de este pueblo Gerónimo de Mercado le quitó el cargo y esto save.
[Rúbrica del escribano.]

(F. 117 v.)
6. A la sexta pregunta dijo que este testigo conoce al dicho don Hernando y su muger doña Magdalena y los tiene por tales marido y muxer cassados y tienen por sus hixos a los contenidos en la pregunta.
7. A la séptima pregunta dijo que dice lo que dicho tiene.
8. A la octava pregunta dijo que no la save.
9. A la novena pregunta dijo que no la save.
10. A la décima pregunta dijo que no la save.
11. A las once preguntas dijo que este testigo tiene al dicho don Hernando por tal persona como dice la pregunta, y que siendo su magestad [añadida arriba del renglón: dello] servido le puede hacer qualquier merced.
12. A las doce preguntas dijo que dice lo que dicho tiene y lo demás no save y esto es la verdad y lo que save e puede decir por el juramento que hizo y lo firmó y su merced. Pedro de Villegas.

(F. 118 r.)
Silvestre Martín. Por ante mí Rodrigo Sánchez, escrivano de su magestad.
[Al margen:] *Testigo Juan Sánchez, presvítero, cura y vicario del pueblo de Sichú, de edad de más de 60 años.*

El dicho Juan Sánchez, clérigo, presvítero, cura y vicario del pueblo de Sichú, estante en este pueblo de Querétaro, testigo presentado, haviendo jurado en forma de derecho e siendo preguntado del ynterrogatorio, dijo lo siguiente.

1ª A la primera pregunta dijo que conoce al dicho don Hernando de quarenta años a esta parte poco más o menos, y al fiscal de su magestad conoce de quatro años a esta parte y que tiene noticia del dicho pueblo y provincia y por conquistador de él. [Al margen: *Ojo.*] [Al margen: signo del escribano, difícil de interpretar.)

Preguntado por las generales preguntas dijo que es de hedad de más de sesenta años y que no le toca ninguna de las generales y que no es pariente de ninguna de las partes.

2. A la segunda pregunta dijo que save lo contenido en la pregunta porque este testigo vio adonde agora está fundado [añadida arriba del renglón: *y asentado*] el dicho pueblo de Querétaro estar despoblado sin ninguna población, perdido todo y hecho montaña y varrancos en el dicho tiempo [al margen: *Ojo aquí con lo que expressa el testigo tocante a la población de Querétaro*]
[Rúbrica del escribano.]

(F. 118 v.)
que dice la pregunta, y desde dicho tiempo a esta parte el dicho don Hernando lo conquistó porque andavan por allí muchos chichimecos de guerra y él los hizo venir de paz con dádivas y buenos tratamientos que les hacía y el dicho don Hernando pobló el dicho pueblo de Querétaro como la pregunta dice y save este testigo que sólo el dicho don Hernando hizo servicio a su magestad. [Al margen: *Ojo con lo que dice el testigo.*]

3. A la tercera pregunta dijo que dice lo que dicho tiene en la pregunta antes desta.

4. A la quarta pregunta dijo que save este testigo y a visto que fuera del dicho pueblo de Querétaro ai otros pueblos sujetos a el dicho pueblo, poblados de yndios otomites y chichimecos [al margen: *Ojo*] y que en este pueblo de Querétaro ay un monasterio de frailes franciscanos y españoles de que se ha hecho servicio a Dios nuestro señor y a su magestad, y que save que el dicho pueblo y sus sujetos es fértil comarca de donde se proveen las minas y otras estancias y pueblos a este pueblo

(F. 119 r.)
comarcanos.

5. A la quinta pregunta dijo que save que el dicho don Hernando a mucho tiempo que se bautizó y le oyó este testigo decir muchas veces, y este testigo conoció a el dicho y que lo tiene por buen christiano y que fue parte para que otros muchos yndios se bautizaran como el día de oy y están bautizados y que a dado buena cuenta de sí y del cargo que ha tenido de governador de aqueste pueblo y esto save de esta pregunta. [Al margen: *Ojo con lo que esta pregunta declara.*]

6. A la sesta pregunta dijo que es assí como la pregunta dice porque este testigo los tiene y a tenido por tales casados, marido y muger como la pregunta dice y que durante su matrimonio este testigo a visto que an procreado a los dichos don Diego y doña Cathalina y a los demás que la pregunta dice. [Al margen: *Ojo.*]

7. A la séptima pregunta dijo que este testigo a visto que los señores bisorreies y governadores de esta Nueva España, teniendo noticia del dicho don Hernando, le an favorecido en todo [al margen: *Ojo aquí*] [Rúbrica del escribano.]

(F. 119 v.)
aquello que les ha pedido de donde a visto lo que dicho tiene este testigo en la primera pregunta. [Al margen: *Ojo con lo que esta pregunta declara.*]

8. A la octava pregunta dijo que dice lo que dicho tiene y lo demás no save.

9. A la novena pregunta dijo que este testigo conoció y vio al dicho don Hernando desde que fue poblador de la dicha villa de San Miguel y desde la dicha villa lo conoció este testigo por tal poblador y esto save. [Al margen: *Ojo con cuidado con lo que dice el testigo.*]

10. A la décima pregunta dijo que no la save.

11. A las once preguntas dijo que atent[…] que este testigo tiene dicho le parece a este […] que siendo de ello su magestad servido le puede hacer qualquier merced […]. [Al margen: *No se percive más en el original por estar rota una esquina de la oja y va lo que se percive.*]

12. A las doce preguntas dijo que save que el dicho pueblo de Querétaro y sus sugetos es grande y que en la población de ello el dicho don Hernando lo a vencido junto [al margen: *Ojo con lo que esta pregunta declara*], y esto es la verdad y lo que save de este capítulo, fecho con su mano que hizo, y lo firmó de su nombre haviéndole leído este su dicho e firmolo en él. Pedro de Villegas.

(F. 120 r.)
Bachiller Juan Sánchez de Alanis. Fecho ante mí, Rodrigo Sánchez, escrivano de su magestad.

11. MANDAMIENTO A LAS JUSTICIAS QUE CASTIGUEN A LOS INDIOS QUE ROBEN GANADO EN LAS CHICHIMECAS

Virrey Martín Enríquez
19 de noviembre de 1578
Archivo General de la Nación, México, grupo documental Ordenanzas, volumen 2, fojas 219 verso, 220 recto

(F. 219 v.)
[Al margen:] *Para que las justicias que procedieren contra los yndios que mataran ganados, demás de los acotar* [sic por *açotar*] *los condenan a que paguen el ynterés.*
Don Martín Enríquez, etza. Por quanto soy ymformado [sic] que los yndios matan mucho ganado sin licencia de sus dueños en los [...] [ilegible] de los Chichimecas, que es caussa de que los ganados vengan en disminución y que por se les dar más pena de azotarlos [?] no se aparten de lo azer y porque es [...] [ilegible] dañosso a la república y que conviene ponerle remedio, por la presente mando a las justicias de su magestad que a los yndios contra quien procedieren

(F. 220 r.)
que fueren culpados en matar los dichos ganados, demás de los acotar [sic por *açotar*] y condenar a que paguen el ynterés a los dueños del ganado, los condenen a que sirvan algún tiempo, el que les pareçiere, en el edifiçio de la yglesia de la villa de San Miguel que de presente se edifica y en quatro reales para el alguazil que lo prendiere y hazerlos llevar a la dicha villa, lo qual se pague por el serviçio del tienpo que sobraren y esta horden se guarde en el tretanto [sic] que sobre el casso otra cosa se provea y mande. Fecho en México a diez y nueve días del mes de noviembre de mil y quinientos y setenta y ocho años, don Martín Enríquez, por mandado de su excelencia, Joan de Cueva.

12. DESCRIPCIÓN DE LA VILLA DE SAN MIGUEL EL GRANDE EN 1639

1639
Newberry Library, Chicago, Ayer Collection, manuscrito 1106C, 3, fojas 131 verso, 132 recto

(F. 131 v.)
Provincia de Chichimecas
Villa de San Miguel. Esta villa está assentada en un requesto de un mediano çerro que mira al poniente. Aquí estuvo el fuerte y guardia de los españoles en tiempo de los indios de guerra, y a quatro leguas al oriente della están por esta parte las mojoneras que dividen a Mechoacán de México y assí esta villa es como el oriente deste lado, y cerre desde aquí con la poblaçión al poniente treinta

(F. 132 r.)
leguas, que es lo largo hasta partir términos con Guadalaxara por el poniente, y porque la línea y mojonera del mar se viene siempre torciendo y entrando al norte como lo hace tanbién assí la costa del mar de aquí es que el lado meridional della tiene de largo noventa leguas, y el aquí lonar [?] mucho menos. Supuesto esto, tiene esta villa una iglesia parrochial con un clérigo benefiçiado y vicario, y otro sacerdote capellán. Ay hospital y un combento de San Francisco. Tiene alcalde mayor, dos alcaldes ordinarios, uno de la hermandad [?], alférez real, alguacil mayor, y rejidores cadeneros con escrivano público y del cavildo, y a dos y hasta seis leguas ay en llanos y vegas de un buen río, que es el que va a dar a Salaya, cassi treinta estancias de ganado mayor y menor, y labores de trigo y maíz.

13. DESCRIPCIÓN DE LA VILLA DE SAN MIGUEL EL GRANDE EN 1649

1649
Newberry Library, Chicago, Ayer Collection, manuscrito 1106A, foja 44 verso

(F. 44 v.)
<u>Villa de San Migel [sic] el Grande</u>
Fue la primera frontera contra chichimecos. Dista de Valladolid hacia el nordeste 24 leguas, y es la raia de este obispado con el arçobispado de México, porque desde sus contornos se pusieron las últimas medidas y mojones de entre las dos diósesis. Tiene sesenta y dos vecinos dentro de las canoles [sic] y todo el beneficio tiene de confesión y comunión más de dos mil y quinientas personas porque administra sesenta y dos haciendas de ganados y semillas de trigo y maís. No ai otros pueblos ni más yndios que los laboríos y que sirven en las haciendas y son de lengua mexicana, otomite y tarasca. Es beneficio de clérigo y lleba el [manchado] Bdo. [¿beneficiado?] los quatro nobenos de los diesmos que le balen más que la mejor prebenda. Cóbralos en especie con el perjuicio que los demás y tiene muchas ovenciones de los feligreses. La parroquia se cayó y administran oy en el hospital de los naturales, mientras se acaba una mui buena yglesia que se ba haciendo a costa del noveno y medio que pertenece a fábricas y lo cobran también en especie, y juntamente el hospital. Ay sólo un convento de frailes franciscos, y el hospital de los yndios.

En lo secular tiene alcalde maior por el virrey, dos ordinarios que se elijen cada año, y uno de la hermandad, quatro regidores, alférez real, depositario general, un escribano público y de cavildo. Reciden tres o quatro clérigos en la villa y algunos en las estancias.

14. CONQUISTADORES OTOMÍES EN LA GUERRA CHICHIMECA: PRIMER DOCUMENTO

Francisco Martín de la Puente
Hacia 1650-1696
Archivo General de la Nación, México, grupo documental Tierras, volumen 1783, expediente 1, fojas 16 recto-24 recto

[Los caracteres subrayados (o y u) en las palabras otomíes representan vocales que no existen en la lengua castellana; las vocales con diéresis se nasalizan. Estas convenciones ortográficas son las que usa la mayor parte de los escritores otomíes contemporáneos.

(F. 16 r.)
[Margen superior: una cruz griega, y una rúbrica oficial añadida en 1696.]
Jesu María y Josephe.
Año de 1520 años en el pueblo provincia en la cavesera de Chapa de Mota estava un rey que se llamava Garza/García [arriba de las letras "rza" de "Garza" aparecen las letras "cia"]. Su padre [de] este rey Garza/García se llamaba Grillo [pictograma] y este rey García tuvo ijo que se llama mo [sic] Aguila Real Chico. Fuerro muy señores rey de corrona real y nunca se sujetó al gran monarca Amonteuttzi su magestad Amontesuma y le dierro muncha guerra a este rey Aguila Real Chico. Nunca se sujetó con Muntesuma - A este Real Chico se estubo fuerte con Montechi lo quería degolla a este rey es de corona. Le pidiero un árlbol de savino y ponel le en Uautitha como lo puso en e[l] lugar del pueblo de Uatitha.

Posabia e[l] linage todo el parentesgo están tan en la provincia en Xilotepequi. De allá se descendimos dos casiqui y rey de corona los casicasgo nuestros antiquísimos nuestros bisauelos gobernadores y señores auelas tios primos son nuestros deudos los señores.

Nuottze Emetto Ma Da ghahu maboxitahu Nuottzeman guo di hu guenya mameoheya - Ettza Eguindo Eccenguy - Ena Battzhani - Ebuoho - Ecquuttadoos umyohu Enañaya uduhu ttoho Enañaya hapuo to puo hnematahumamu ohumaboxitahu maquihu Enanaya binoni E rey u Corona ya Nugua A [en blanco] Amañahnani madon Daxi An provincia ti noni

Aninadu ttzi A Santiago Andamagëy sujeto distrito - Anth<u>u</u> [en blanco] An San Juan Andath<u>u</u> San Juan de Ríos - San Gerónimo Andanmemahini mebu<u>o</u>y An [roto; se perdieron dos letras] [...]nmaboxitah<u>u</u> A don Gerónimo o don Pablo ettz<u>o</u>pa oyondighaday Enaña [roto] gonita omatah<u>u</u> o don Gerominimo onayä gamochaoli sensado Anmedi pephi gonibattzi o don Pablo o don Gerónimo <u>u</u>ttz<u>o</u>pa - Andamattzhobo Antecosata An San Matho Andamattzi Uichapa. - And<u>o</u>nchi San [en blanco] San Lorenttzo An mostta irenttzhe [en blanco] San San Miguel Ando - San Francisco Andemo - An San Miguellito

(F. 16 v.)
degodo San Agustín Andonghay - San Jua maaccun [?] - Andaxittzo - Santa Cro[...] [letras tapadas por la encuadernación] An Santatamari Antixbadeje - San Miguel Canhin An San Jua Andadani - Adod<u>o</u>ndaxin [en blanco] A San [en blanco] ttzi deh<u>u</u> An Santigo xima Sandigo Anchahi<u>o</u>qui[...] [letras tapadas por la encuadernación] Andodondaxi y chanattzi deh<u>u</u> y h<u>u</u>tti mad<u>o</u>xaxin - Nu [dos pictogramas] magu<u>o</u> diheya Emaboxitah<u>u</u> Nuestra prosapia nuestro linage son estos bisauelo tatar[...] [letras tapadas por la encuadernación] ñeto nuestros antequizíssimo era gentiles los señores casicasgos fuero rey de corona e la provinzia de Xilotepequi - y nunca se sujetó con el gr[an] [letras tapadas por la encuadernación; se restituyen las letras *an*] monarca Amontettzi quie[re] desir en la lengua mexicana - Montesuma el rey. Nuestro antespasado los jentiles era sus reyes los mexicano - yndios - los de Jixllotepequi y provinsia. Era nuestro rey - indios otomí - como los tarasco que tuvo su rey Acazonttzi vibía en Pasguaro - Así éramos con los reyes y señores de la provincia de la cabesera de Hilotepequi bivía nuestros rey - y el gran monaca Amontesuma que vibía en la suvidad de México fue nuestro rey en esta Nueba España en nuestras tieras nasido y criado en esta tieras nuestro - Los españoles mestizos mulato negro - a Spaña son sus tieras. Los españoles - en la Nueba España no tiene ra y que son suyas ni u[...] [letras tapadas por la encuadernación]. Españoles no tiene tierra en la Nueba España - Baya a vivir a Spañas y no aquí se viene - a alsar con nuestras tiero los codisiosos envidiosos malos chistianos - y nos enseña maldades - Los epañoles aún trujo la fe del bautismo y matrimoni de la Santa Madre Yglecia los trujo - pero mal das munchos males trujo. Somus como los micos. Lo quemos haser lo hasemos tanbién.

El tiempo de gentiles de Montesuma el gra monaca nuestro rey no abías maldaj como aora. Bevía tan ajustado su gente ni a flogeras ni drogas ni ladrones salteo ni mentiras - tratabas laz berdádez ni lebantava testimoni falso rovaba ni cudicia ni enbidia ni jurabas me[n]- [letra tapada por la encuadernación; se restituye la n] tiras - Bivía tan ajustado y castiza sus basallos sus gente. No consentías maldádez ni bellaquería como ahora hi acía justicia como Dios manda abi justicia como justicia - No haze a dos manos ni hasía sin justicia.

(F. 17 r.)
[Esquina superior derecha: rúbrica oficial añadida en 1696.]
Salió mis biauelo que fue el dicho don Fabiá Pavli Martín Tzu Uichol y Mago de Xilotepequi en la provincia. Se vino a vibir él en San Diego abajo de pueblo San Mateo en Uichapa pueblo de los meros otomite que es jurisdición en la cavesera y provincia sujetos [?] distrito de Jilotepequi - Ay murió nuestro auelo don Favián Pavlo Martín Ttzu Uichol y Mago casicasgo y dejó dos yjo es don Baltesar Martí de Granada y el dicho Graviel Martín de los Ángeles - Amurió en el pueblo de Sa Mateo en Uichapa. Ay está [e]nterrado nuestros bisauelo don Gra[viel] Martín de los Ángeles ya difunto - [ilegible] dos yjos y tres yjas: don Pedro Martín de Torro - y don Juan Tomás y donña Betri Ynés y donña Clara Teresas y donña Agustina Juana - nuestra auelas donña María Bisente Chistina - otra auela es don Madalena Ana y Granada. Fuero casica y prinsipales de Jilotepequi y señora nuestra bisauelas.

Queguan ya Enañaya y cuatro Namahemi gua u̱ttixuhmu ni thatiho̱ u̱nanaya Edumaxitahu̱ - u̱ttixu Eduma ttzhu hu̱ to puo̱hmu̱ ya mame o̱ho̱ mamehu̱ ma ttzuheya ga pibuo̱hu̱ govi o̱ni mameohu̱maxitahu̱ Niba ttzi go gueque onano o don Predro [sic] Martín ni ttzo thu Torro bane ttzi Anttzicama ttzi ttzi An San Diego yhetti Andaxamatho Andamattzi ttzi bittzoho̱ Andamagey mibuo̱ Ando̱hmun E don Mar de la Cruz bittzin ma Andanibattzi maychu̱ nithu E don Gas Marco bidun hon da Ani meni mi An San[tia]go Adamagey -

Batho gui Attzo An Sa Lucas An hinmachu - Mi Muy An andanimo Ni thun E don Juan Martín Uachichilu̱ y capitá genera[l] An governador mechittavi Emahu̱ de mi buo̱ y An San Lucas Arhima chuxin da Emahu̱ de mi muy Acarachu̱o An gu̱omade - 1 mebuy Algodonar 2 mebuo̱y An Santa María Nema Nayu An Uastettzi de Salbatierra 3 Tarimoro - 4 Rincón - demathotti - 5 thettahu̱ mamehe - gu̱omo̱ttzi - 6 7 antto̱padan - 8 - Andechono - Amontesillo - 9 Potrero - 10 San Gerónimo 11 San Pedro - 12 Morales - 13 An Lerma - 14 Andattrahin - 15 Ado̱do - 16 Anthettayo̱ - 17 Anttaphi - 18 - Antto̱denthahin Palmilla - 19 [...]nñado [se perdió una letra por la encuadernación] - 20 Anttzi - 21 Anxittzo - 22 Angostaderro - 23 Anbale[n]cia [roto; se restituye la n]

(F. 17 v.)
30 Andayochado Anttzinimani Anttahi - 31 Anttzi San Miguel - 32 - [pic-

tograma] queguenya Ema hode E Uachichile Emanxomachu madicha ymabagui Mipobuo E soldado ma dicha ma bagui Anbamahoy An tieradentro bacca ma bagui Andathe An San Juan del Río - Aticho ni An Sonbrerete ticho ni an Gudiana ga pacca E ma bagui An conquista vi chaho u soldado An San Miguel Grande Uichu gomi poho o capitán general o don Marcos Felípez maxitahu meo hu Nu ñaña - cha nuo capitán de cuerpo onaña don Sebastián Hérdez mi co tamahini mipho tamahini pueblo y billa An San Miguel Grande o sarjento o don Rafael Alferes o don Ramón Juan oma E so del canpo o naña o don Jocephe Enrique ximeda Enana mi pa A mabagui An grra dacha chonmi buotho gonagueque Emahodu ttze mi ho te nugua Andayo mahoy An Nueba España ttzemiboyottza timachu ttzimadi cha Emabagui matishomahini micottieyun Eda y un nugua mahoygua An bon tichoni An Sonbrrerete [sic] A tichon[...] [letras tapadas por la encuadernación] An Guadiana Andathe nithu A San Juan de Ríos - Anitho Andamatte y Sacateca sacamoco tellamoyo ga pa oa [?] Emabagui E guierra An conqui[s]- [letra tapada por la encuadernación; se restituye la s] ta ba dacha echeya de - Nuovicha unañaya umahodu o da mahodu - ochayäy enanä o don Pedro Martín de Torro nittzo thu - ga pithu ttabi nittzo thu - nuqua An ttzocama otti goxinbimo ubimdo hini nunama hini buonahini nu An ttzo camaotti An Uanajuato nuya choximinequi yo otti chon gateo tichaya dibuoy - ttzen Anchatho mayohe ubarre terro mi muy [dos pictogramas] E Dan xun mibuoyri thu E Ysabel me Eyondicu Ue tho cha mibuoy E Ana me o yohotho chani Dottzayo ttzovi E ma yoho nubigui ne Anximaña mahoy hima nituhin gona guedanxu nubuo gui nenecha tetipoho umayo ho - Edanxu damou Andan A D mamattzagattaxi - da yottze E[...] [¿letras tapadas por la encuadernación?] bocha ma di phottaye tho uma meti ubocha nubuo gue yotti Anecha[...] [¿letras tapadas por la encuadernación?] te nubuoyon gue ya Edanxuya - E Ysabel ume - E Ana me na[...] [letras tapadas por la encuadernación] tayo phi di u danxu y - ta dutta tho yoxicqui - xindayo tto daxohibu [letras tapadas por la encuadernación] xoayobocha - y hotabuyothi nuyamayoho [pictograma] tengun ga dacha[...] [¿letras tapadas por la encuadernación?] neghanni Angu madichaya uma yo ho ya teo dahoxan Anda[...] [¿letras tapadas por la encuadernación?] photta Ebocha tayo ttanechate - teo hin yo hinda yoxaubochan[...] [¿letras tapadas por la encuadernación?]

(F. 18 r.)
[Esquina superior derecha: rúbrica oficial añadida en 1696.]
ttze gunda gagota puo ttzimi chauma mitibuo ubocha - nubuo gui yo Ebo cha mati Uatatho yo puoy yo yotti bareterretero - Etannaterro - hin gui madi ganttzo Ebocha Emabohu bun - nanyo oyo pena - yobolsico -

xin ttzu y pette ttzeximitiri Anttaxi netta pso Ispsousopso [?] note manetta pso yotepso teo uyohoyobuottzi yottixu E te jothomanathey nabuo gui dette yo pena - mague tho yo mette mithete texovelo - manaxin tevino [?] Ehogovino - bino de Castilla - Nu Anamadi Edehebuo - bihie bittzi bihiu Nuya umehuecate mapi ttzo hu Nuobi buo Nugua Anttzicama otti hin mi madiumameti ubochabuo ttze mi puohu uttaxi - ttzexin micha netuhin Esazumi - Nubuo gui yu na dattzhun ttohenameya tho da da cha Anetuhin Esa semi - nugua maotti nubo xobiyun nattohu [pictograma] gattze pi no ni onanä o don Pedro Martín de Torro - himananän pho - xindo hia ccuña [?] Anhia madettzana - ttze me ttzeya hintho - gunma chati gonnahmahu [?] Anhia madettzana - Anhiapho - hinganbuobuo Ettzinihianpho - Ettzo Anhiacqueña - chami padi nañana o don Pedro Martín de Torro - ttze[...] [roto; faltan dos o tres letras] yuhutho onamexamatho tho ttzendo ttzeña huntho nañana madona o capitán general na - gomi guottabi e Uachichile nuna duttzi An ttahi An Selaya An Villa maho xo gan Suvidad de Nuestra Señora de Estramoya nunanäna o don Pedro Martín de Torro - gamibuoy An hnima chu San Lucas Anmottadehe y hetti San Francisco Andanganpha ni Chamacuare y Chamacuero y handi A do hnani An San Agustín mi cha ni ni cha Emahode e Uachichile - gomicquotta vi A capitán o don Pedro Martín o dama hodu - ha puo xogati hohoy o dudo Francisco Maldonado o mattzon gun nittzo thu ttze An metto mahini na An San Lucas - Man me pha tho bini bioe An San Agustí Andö naniya [pictograma] Emettomado E Dagha Enañaya o don Francisco Martí Ettzoni - xi o don Gaspar Lucas o don Miguel Hernández - o don Alonzo Martín Angogun don o don Juan Ximenes Xaqueta o Pedro Martí Emattzani o don Juan Lucas Enguan o Graviel Enxoni o Alonzo Lucas Odagayaxin o Juan Ecqueña Gayaxi o Juan Tomás Meyängun o Jocephe Echotti o Alonzo Edecqun o Matín Ecuhun o Miguel Lucas Etodi o Pedro Martí Eqha [?] [semiilegible por una rotura] Jun [ilegible] EA

(F. 18 v.)
o Juan Ramírez Bernabel Esteba Nibattzo [?] o Diego Herdes Edottahin ni Cun o Diego Juares Chalán - xini cuo Juan Ramírez xi ni Cun Juan Chalán o A guo di guhadaya gamibuo An donani San Agustín.
A guoyogui bicha An conquista Anbo Antierradentro bacca Andathu [...] [¿letras tapadas por la encuadernación?] Ada San Juan de Río tighoni An Sonbrerete Ati ghoni An Guadiana tichoni río de Medina y Uicadamattey nethopho An Fresnillo xini[...] [¿letras tapadas por la encuadernación?] tho puo An Santa Cruz xini tho puo An Truxillos ga pa cca puo Agu[...] [letras tapadas por la encuadernación] Aguibicha Abihogue Emahoy Neyananäya Botaquehei umaghu bidagui Eyotti

Anbon Asi choni Anpa Ral ya xini tho pu̱o bana[...] [¿letras tapadas por la encuadernación?] bunya yo ttzate maghu yomascorro yo pame yo negrito yo congo - ximi dama chu Enaciones.

[Pictograma] Ja ttzep cha mabagui nanäna o don Pedro Martí[n] [letra tapada por la encuadernación; se restituye la n] de Torro o ca capitán general o conquistador onnanäna[...] [letras tapadas por la encuadernación] da maho̱de - nubuo̱ guinepimuy - ttzetin yandavi - Yome[...] [¿letras tapadas por la encuadernación?] tti yo ttzatemachu nu A ttzemattza qui - ttzo ballente - tiphina vi ti hin da ttzehu [?] - chata guebuo̱x[...] [roto; se pierden dos letras] ayo megatti nu A no capitán xo Nuxo pho̱ttzi - ganti thehu̱ buo̱ nueda yo ttza temachu - Nu Edacha xo nadagui Aticuphahu̱ chaxona nextihi yo ttzate machun xogati cubahe yo Uattzichile yo man xo machun xonettzo thay - Nuya yo zoldado nuo̱ tito̱ guegue[...] [¿letras tapadas por la encuadernación?] xonettzo- yo phani - Atitho gayo lanzo A la barda xone thoqui Attzeni tiyo̱ttau̱- dan ticca ha yo ttzaphi - chata guebuo̱ xodegue [...] [¿letras tapadas por la encuadernación?] tahio - tittzo yabuo̱ ttzemattzaqui tho mabagui tacha.

Natueda Ema xoma ghu xi magun E zoldado xinatueda.

Nuo̱na hoyo ttzate maghu nuo̱xonho gamihi gani dun Expira [?] no na ho yo ttzate machu yo mascorro.

Nuo̱eba ttzi machi u̱ttzixu machu ttziba ttzi - guemanattzi o̱ hinaho manapo - Nubuo̱ guu̱ ttzo̱ yo gun yo zoldado tite ettzi dabattzi - nuo̱ ttzibattzi tho na ho na pema yoho tiyo̱tte da Nueda ttzu machu titho ca yoghoy - xi maneo̱ttzexobin [...]o̱nnaho [roto] -

(F. 19 r.)
[Esquina superior derecha: rúbrica oficial añadida en 1696.]
[En esta foja hay varios dibujos con sus rótulos (figura 3). Se dan aquí las versiones paleográficas de los rótulos.]
An cheyanä BÄ cha mabagui An Guerra An buon tieradentro An Conquista Año de [en blanco]
San Juan del Río - Adelante el río de Medina junto a Sonbrerete y Guadiana en la tieradentro
El río tieradentro
El capitá general don Pedro Martín de Torro y señor de los yndio conquistador [roto] uachile
Cayó murió don Masädin
Capitán don Mazandin
Caballo de gierra benia con

(F. 19 v.)
[Dibujo (figura 4) con los siguientes rótulos:]
Los borrado mascorro bellaco
Los uachichile

(F. 20 r.)
[Esquina superior derecha: rúbrica oficial añadida en 1696.]
[Dibujo (figura 5) con los siguientes rótulos:]
Capitá don Marco Felípez
Alferes don

(F. 20 v.]
[Dibujo (figura 6) sin rótulos.]

(F. 21 r.)
[Esquina superior derecha: rúbrica oficial añadida en 1696.]
[Dibujo (figura 7) con los siguientes rótulos:]
Capitán de corpo don Sebastián Herdez en Sa Miguel el Grande
Coronaro a don Pedro Martí de Torro por capitá de tal uachichile conquistadórez en la tieradentro ha San Juan del Río junto a brerrete [sic]
General capitán don Marcos Felípez del mesmo villa Sa Miguel
Año 154 [sic] años se coronaro don Pedro Martí de Torro por capitá general de los uachichile los amigo manzo en el pueblo de Sa Lucas -

(F. 21 v.]
[Dibujo (figura 8) sin rótulos.]

(F. 22 r.)
[Esquina superior derecha: rúbrica oficial añadida en 1696.]
Años de 1534 - A que se pobló [e]n el pueblo y siudad en Santigo Querrétarro en pueblo de los chimecos manzos en la Cañada de Patehu te [sic] su pueblo los chimecos mansos los uachichile los amigos. En la suvidá agora era siéniga; abía tule toda la siudad aora. Los chimecos manzo beni a Sa Miguel el Grade a la dotrina - Fue primero pueblo en la villa de San Mi[guel] era sujeto en Querétaro - y el pueblo de Chamacuero y San Francisco el primer pueblo en Chamacuero era en el pueblo San Lucas pueblo de uachichile chimecos manzos los amigos - Después se pobló en San Agustín. Estaba un capitán se llamaba - don Juan Martí estaba como governador autual teni sujeto - todas las ranchería de chimecos manzo gueriador. Los conquistadores los tenía sujetos todos las ran[che]ría este capitán don Juando Martí - En San Francisco que es

el pueblo aora en Chamacuero que se llama aora es congregación sengregaro cuando bino un juez de congregación que llamaba Francisco Tamayo. Su escribano que trujo se llamaba Diego Bedor. Tres bes bino el jues a las congregaciones - Nonca se pudo congregar los naturales así que se yba los jueses de las congregaci[o]nes que hasí los jues de congragación - se bolvía adonde estaba en sus pueblos los naturales ya estaba hechos sus pueblo. Se bolvi luego - E[l] pad[r]e que bení a desirle la misa a los naturales era de San Miguel el Grande como era su juridicones. De allá bení el clérigo a desir la misa todo los domingo - Después que sucsedió la desgracia cuataro los pobre f[ra]yles pasajero de la Orde[n] de Nuestro Padre San Francisco. Se dexaro de baxar los sarsed[ot]e de San Miguel de miedo de los chimeco. Nonca más benía el sarsedote de San Miguel se llamaba Pedro Salgero de mi[e]do los chichimeco largaro [?] el pueblo de San Lucas y San Agustí pueblos biejos.

[Pictograma] Continuvaro los f[ra]yles de Apaseo. Era frontera en San Lucas pueblo biejo y San Agustín que asta agora parese el fuerte e pueblo vi[e]jo San Agustín. Estas tera me [?] te [?] el fuerte vi[e]jo y señal de poderes de casas. El pueblo viejo y el pueblo viejo San Luca pueblo los chimeco manso los conquistadores don Juan Martí capitán de cuerpo - su sobrino don Pedoro [sic] Martín de Toro capitán general de la conquista.

(F. 22 v.)
Bení sienpre a don Fernando Tapi era de Tascala es tascalteco. Bení sienpre en la Caña[da] de Patehe pueblo de chimeco manso los uachichile. Benía todos los años a bender sayal uipiles nauas sonbrero y otras cosas de chucheras a resgata chile t[r]ueque de ropas sayal nauas uipiles sonbrero agusxas copales auatil - lo qual hízose amigo los de la Cañada los chimecos mansos y prinsipales del pueblo de la Cañada - y trataro de fundar el pueblo Santiago en el lugar de Querrétaro - y fue a México. Pidió que se poblaro en el pueblo en Querrétaro que es la suidad aora y fundó el pueblo Santiago Querrétaro. A don Frenando Tapia y los demás prinsipales bino por capitán de cuerpo a don Fernando Tapia - bino por capitán general a don Nicolás San Luis Alferes a don Pedro Conejo sargento Marcos Juan maezo del canpo A gun [¿Agustín?] García - Tubo un yjo a don Fernando Tapi llamádose don Diego Tapia - y [tu]bo una yxa llamada donña Luisa Tapia y mo[n]xa fue la [a]badesa en las mo[n]xas de Querétaro. F[u]e señora la madre mayor en las mo[n]xas yxa que fue [de] don Fernando Tapia pobladora y fundadora - En las mo[n]xa es la madre mayor del conbento - Fue ti[a] nuestra yo don Francisco Martín de la Puente casiqui y prinsipal conquistadores y fundadores y pobladores. El tienpo las congregaciones que despacharo un jues de la con-

[gre]gaci[o]nes - llamádose el jues Francisco López Tamayo - y trujo su escribano re[a]l [?] llamádose Diego Vebor el escrivano. Fue el año de [en blanco] [pictograma] fue mi esposa zobrina [de] la señora [a]badesa donña Luisa Tapia - Fue ti[a] [de mi] muger donña María Francisco Sanchis - yxa que fue [del] casiqui y señor poblador en Apaseo Avajo en San Juan Bautista del pueblo Apaseo. Su madre [de] mi muger es donña Melch[o]- [letra tapada por la encuadernación; se restituye la *o]* ra Martí [entre este renglón y el anterior, arriba del nombre *Melchora Martí*, se añadió la palabra *casica* en la misma letra que el resto del manuscrito] criolla del pueblo Santiago. Fue prima [de] la señora [a]badesa que por eso le llamava ti[a] [a] la señora doña Luysa Tapia la fundadora en las mo[n]xa[s] de Querrétaro yxa que fue [de] don Frenando Tapia el capitán de cuerpo. El capitán general conqui[sta]dor se llamaba - don Nicolás San Luis tío [de] mi difunta moger a donña María Francisca Sanchis casica y señora - y nos casamos en el pueblo San Francisco Chamacuero. Fue mi padrino don Pedro Martín. Nuestra madrina se llam[a]- [letra tapada por la encuadernación; se restituye la *a]* ba do[ña] Christina udaxi Xilote - Nos casaro a nuestro padre doncto y gua[r]dia[n] [...] [letras tapadas por la encuadernación] difinidor y provincial y de Sa[n]to Oficio de la Inquisi[ci]ón muy señor padre reverendo padre y muy estimado todos los monge f[ra]yles de la orde de seráfico padre

(F. 23 r.)
San Francisco. Tuvo un yjo a don Fernando Tapia Echohin - Su y[jo] se titulava don Diego Tapia. Fue señor de los indios de Querrétaro. Fue munchos años governador en el pueblo y siudad de Querrétaror [sic] -
   Don Andrés Sanchi Eduhia su mal nobre es señor casiqui - lo qua[l] fabricó el tenplo en Apaseo. Lo sanquió ya hencio - Lo enpezó y lo abo [¿acabó?] to [¿todo?] campana elo culto divino retablo y las seldas los relijiosos padres ha[s]ta que lo acabó todo y uerta y ospithal [?] y las comonidades casas reales - y la comunidad de la labor de trigo de ay sale los derechos los padres guardianes por la dotrina y misa que dise por los naturales del pueblo Apaseo de a[y] sale en la comonidad de la renta la comonidad - los tributo - y los sien pesos para lo padre guardianes. No paga tributo los naturales del pueblo - Ay sale en la labor de la comunidad con que paga los tributo los del pueblo Apaseo -
[Rúbrica oficial añadida en 1696.]
[En blanco.]
   [Pictograma] Conquitaro los ca[pi]tanes ge[ne]ral en la tierra [a]dentro hasta en San Juan de Ríos llegaro junto a Sunbrerrete. De ay se bolviero - A don Pedro Martín de Torro su mal nonbre y capitán general de

los soldado suyos de los uachichile los amigos chichimecos manzos yo
[sic] son batisado por la fe de Diós - Fue conbidado como fue honbre y
balerosos de b[r]azo que por ezos le intitularo de Torro su mal nonbre.
Coría la louade [sic] honbre de brazo y animosos no temí[a] de su muerte - ni hablava vien en mexicano - ni en castilla[no]. No pronunciava
bien en mexicano - ni en castilla[no]. Era otomite de los puro otomí crio-
llo nasido de Jilotepequi. Su pad[r]e que fue ya difunto fue chriollo nasido de la probincia de Jilotepequi y señores reyes de corona casicasgo
en la probincia [en blanco] y cavesera de Xilotepequi. Toda su prosapi y
deudo fuero governadores: don Chistobal de los Ángeles su muger don
Beatros don Pabo de Abalo y don Jerónimo de Abalo - don Sente [en
blanco] y don Diego de Granada el governador de Tepexi - y don Mateo
de la Barzena de Uichapa [en blanco] y don Nicolás de la Berzena y don
Juan Popoca governador Esmiquilpa - don Chistobal de la Barzena - y
don Nicolás de la Barzena en San Juan del Río -

(F. 23 v.)
lo qual fue conbidado al capitán general a don Pedro Martín de Torro
esta entrada y conquista a conquistar toda la tierra. Enpesaro desde
Santa María Chichimequillo adonde se llama Amo Dexo en otomí.
Gueriarro fuertemente en Santa María - y pasaro en el Pinal - y el otro
sero adonde le lla[ma] en el Pinal Asul Anccangattohohe - en otomí -

Pasaro a San Pedro Tulimán. Anduviero a que los seros de Tulimá[n]
[¿letra tapada por la encuadernación? Se restituye la n] - y viniero al
pueblo de Sichún. Anduviero todos a las Serrani de los Palma Poxinc-
queyas Concá Papalotas - y vinierro el río de los Bagre. Anduviro a los
seros conquistaro hiziero carnisería matarro - y pasaro en las Bigas hiziero aros. Mataro los que abía aque barranca y serranía - Aduviero las
cañada y baranca cueba asolaro los que avía en aquellas serranía y
barancas - Pasaro a Cuencame matarro cuanto avía en el lugar de Cuencame. Asolaro - cuantos avía en Cuencame -

E[n]traro en el Río Berde. Matarro los a que avía en aquellas ranchería
y baranca y monte aquellas seranía y peñas.
[En blanco.]

Y pasaro para en la Uaxteca conquistaro los que avía en en [sic] todo
aquel los lugares serro baranca los pame que avía e[n] la quellos sero de
la Uasteca. Azolaros los pame que aví aquellos lugares - Garrapata -
Niva - Xexeni que clama por todos aquellas serrani y baranca aquel
montes asolaro los enemigo. Dezde ay bolviero y para San Gerónimo -
San Sebastiá - en la cañada los Hovero - y laguna seca en el serro Gordo -
en los serro del Puerto de Yëto Santa Catalina - en Jurica aduviro los
serros de las minas biexa - Fue los capitanes general y el capital general

don Nicolás San Luis Alferes don Marco de la Cruz y sasentos mazo del canpo y su jente sus soldados los ynfantería el capitán general - don Fernando era capitán de cuerpo estaba su pueblo - Querrétaro -

(F. 24 r.)
El capitá general es don Pedro Martín de Torro casiqui y señor de los indios y uachichile los amigo chichimecos manzo sus soldados al señor capitán general don Pedro Martín de Torro - Conquistaro toda la tiera los dos capitá generales hasta en la Uasteca y sus basallos los señores - Otras bez fuero a conquista a San Pedro Tulimá y llagaro en el Barnal junto Las Llave y San Juan del Río en la sabanilla y barranca. De ay se bolviero a pueblo Santiago Equetaro [Querétaro]. El capitá general de ynfetería don Nicolás San Luis - y el capitá de los u[ach]ichile chimecos manzos capitá de los amigo sus capitán generales de los uachichiles a don Pedro Martí de Torro -
[Rúbrica oficial añadida en 1696.]

15. CONQUISTADORES OTOMÍES EN LA GUERRA CHICHIMECA: SEGUNDO DOCUMENTO

Diego García de Mendosa Motecsuma
28 de julio de 1703
[Traducción y "trasunto" del primer documento, escrito durante la segunda mitad del siglo XVII en castellano y otomí por Francisco Martín de la Puente; véase el documento número 14 de este apéndice.]
Archivo General de la Nación, México, grupo documental Tierras, volumen 1783, expediente 1, fojas 26 recto-32 recto

[Se han empleado las mismas convenciones ortográficas en las palabras otomíes que en el documento 14 de este apéndice.]

(F. 26 r.)
[Margen izquierdo: un sello. Descripción: arriba, un escudo, difícil de interpretar, en un marco cuadrifoliado; en medio, las palabras UN CUARTILLO; abajo, dos círculos concéntricos; entre ellos las palabras AÑOS DE 1702.1703 PHELIPE.V.D.C., una corona, y la letra *M;* adentro del círculo menor, un león rampante con la letra *S* enfrente y el número 4 atrás.]

En conformidad del decreto proveydo por el excelentísimo señor duque de Alburquerque virrey de esta Nueba España governador y capitán general de ella y pressidente de su real Audienzia, yo don Diego García de Mendoza Montecsuma haviendo reconozido el contexto de los papeles que con el memorial de don Mathías de Saugedo, Toro, y Motecsuma se prezentaron; en ellos se contiene y expressa lo siguiente - Jesús María, y Joseph, en el año de mil quinientos y veinte [?]; en el pueblo y provinzia cabezera de Chiapa de Mota estava un rey que se llamaba Garzía. El padre de este rey se llamó Grillo, y dicho rey Garzía tuvo un hijo quien tuvo por nombre Aguila Rial Chica. Estos fueron señores y cazíquez y nunca tuvieron sugezión de otro alguno hasta en el tiempo del reynado del gran monarcha Motecsuma que le dio vastantíssima guerra a dicho rey Aguila Rial Chica y por lo mucho que le perziguió manteniendo guerras contra dicho señor Aguila Rial Chica; y por el temor que tuvo de que Motecsuma [tachón entre *Motec* y *suma]* lo avía mandado degollar se dio de paz; y para experimentar el monarcha Motecsuma las notizias que de dicho Aguila Rial havía tenido de sus hechos tan extrahordinarios, le embió a pedir un árbol de sabino y que se lo plantasse en el pueblo de Huautitlán. Obedezió el mandato de Motecsuma y con efecto lo plantó en dicho pueblo de Huautitlán - Y haviendo tenido notizia el linage y parentesco que tenía dicho señor Aguila Real en la provinzia de Xilotepec de donde dezendían los cazíquez y señores nuestros antiquíssimos abuelos, y bissabuelos governadores y señores padres, tíos primos,

(F. 26 v.)
y demás azendientes; dize los primeros superiores que tuvieron por nombre; *Etzaguindo*, que se interpreta Piedra que Zumba en un Arbol. Este fue el primero que governó la nazión othomit. El segundo se llamó *Ecquenguy*, que se interpreta Culebra de Nubes; el tercero tuvo por nombre *Ehmatzhani*; que se interpreta Tigre; el cuarto tuvo por nombre *Pmoho*; que se interpreta Barra; el quinto tuvo por nombre *Ecquuttados*; que se interpreta Maís en Agrás; éstos fueron los fundadores y señores que fueron mui mentados en la nazión othomit. Y que de esta dezendenzia, y linage fue el lizenziado que se llamó don Gerónimo López de los Ángeles natural que fue del pueblo de San Gerónimo Aculco de la cabezera y provinzia de Xilotepec; y que dichos señores fueron pobladores, y que la fundazión comensó desde San Gerónimo Aculco, San Miguel Cambayn, Alfaxayuca, Santiago Tecotzauhtla, Gueychiapa, San Juan del Río, Santa María Tequixquiapa, y el de San Juan de los Xarros y que dichos pueblos sin embargo de que en tiempo de la gentilidad se hallavan poblados de yndios; al tiempo de la conquista de este reyno estos cazíquez ayudaron en todo a los españoles acaudillándoles y reformándolos de nuebo, y con la llegada del Santo Evangelio se

(F. 27 r.)
les dio la advocazión de los santos a cada pueblo; según demuestra y da a entender, y que passaron a poblar y reformar el pueblo de Querétaro, y San Miguel el Grande; Salaya, San Francisco Chamacuero, San Juan de la Vega; San Miguel; el pueblo de Acámbaro; Petemoro, y San Miguel Tarimoro; San Lucas, y San Agustín, y que esto fue quando tuvieron contraberzias y guerras con los tarazcos de Mechuacán, y que después de passificados dichos pueblos vivieron los naturales y moradores en paz, y sossiego gozando cada qual de lo que le pertenezía y que de esta dezendenzia y linage fue don Favián Pablo Martín *Hahuitzol* y Mago quien fue poblador en el pueblo de San Diego que está abajo del pueblo de San Matheo Hueychiapa pueblo de los meros othomites y que ay murió dicho don Favián Pablo Martín *Ahuitzol* y Mago, el qual tuvo dos

hijos que dexó, el uno se llamó don Baltazar Martín de Granada, y el otro don Gabriel Martín de los Ángeles que murió en el pueblo de San Matheo Hueychiapa, y éste dexó dos hijos y tres hijas. De los barones el uno fue don Pedro Martín de Toro, y don Juan Thomás; las mugeres la una se llamó doña Beatriz Ynez; y doña Clara Thereza; doña Augustina Juana la bisabuela de los sussodichos se llamó doña María Vizente Christina madre que fue de doña Magdalena Ana y Granada cazicas y prinzipales de la dezendenzia de Xilotepec. Refiérelo el escripto assí y dize: éstos son los señores que están menzionados en las mapas papeles e istrumentos que tratan de las entradas y -

(F. 27 v.)
[Margen izquierdo: un sello como el que se describe en la f. 26 r.]
passificaziones y que esto fue mui notorio el ser deudos unos de otros que procrearon y tuvieron hijos, y entre ellos uvo uno que se llamó don Marcos de la Cruz y tuvo un hijo que se llamó don Gaspar Marcos. Estos por interpossizión de don Pedro Martín de Toro como deudos suyos los llevó a poblar el pueblo de Santiago de Querétaro, y de allí como prinzipales passaron nuebamente a reparar el pueblo de San Lucas las Chichimecas en donde pussieron a un tío suyo que se llamava don Juan Martín Huachichile con título de governador que mandava y governava a dichos chichimecas de aquel lugar y pazificaron y pussieron en horden ayudando en todo a los españoles en la pazificazión de los chichimecas del pueblo de Caracheo y el puesto de Algodonar, y el pueblo de Santa María que está adonde cruza el camino de Guazindeo y Salvatierra y poblaron el pueblo de San Miguel Tarimoro, y el de San Bartholomé que llaman del Rincón de la jurisdizión de la villa de León y de ay prossiguió don Pedro Martín de Toro ayudando a los españoles al descubrimiento y passificazión de chichimecas con todos los suyos que le acompañavan, acaudillando a dichos españoles. Prosiguieron y nombraron el puesto que llaman en la lengua othomit *Anthettattoho* [?] que se interpreta Zerro Redondo, y el puesto que llaman *Mamehe*, que se interpreta Fuente de Agua; y el puesto que llaman *Guohmadi*; que se interpreta el Zerro de Culiacán, y estos puestos y pueblos son del distrito de Selaya; y tanbién reformaron el pueblo que llaman en othomit *Anttohuada* que se interpreta el pueblo de Acámbaro, y pussieron en horden el pueblo de Xacona, y los puestos que llaman el Montezillo, y el Potrero, y los pueblos de San Gerónimo, San

(F. 28 r.)
[Margen izquierdo: un sello como el que se describe en la f. 26 r.]
Pedro, y el puesto que llaman los Morales, y el que llaman Lerma, y un

puesto que llaman en la lengua othomit; *And_otzabi*; que se interpreta Charco Hondo, y el puesto que llaman en othomit; *And_o_do*; que se interpreta Piedra Grande; y un puesto que llaman en othomit; *Anth_u_ntt_o_ye*; que se interpreta Peña Colorada; y assimismo dichos prinzipales ayudando a los españoles pusieron en horden el pueblo que llaman en othomit; *Antt_o_phi*, que se interpreta Miel; y el puesto que llaman las Palmillas; y el que llaman en othomit; *Any_o_do*; que se interpreta Cabeza de Piedra; y un puesto que llaman en othomit *Anttzi*, que se interpreta Otatal; y el puesto que llaman las Sausedas, y Valenzia; y otro puesto que llaman en othomit, *Antayiochodo* que se interpreta Cerca de Piedra Nueba; estos son los puestos y pueblos que ayudó a ganar don Pedro Martín de Toro, en compañía de los otros prinzipales que acaudillaron a los españoles, quienes [?] llevava en su compañía a los huachichiles chichimecos manzos quienes mantuvieron las alteraziones que uvo de chichimecas, y costiando la tierra llegaron a un puesto que llaman el Charco Asul, Sacatecas y su distrito. Passaron a San Juan del Río junto a Sombrerete, y Guadiana donde dize aquí sessó la conquista de los soldados de San Miguel el Grande, y *Xichún* que es lengua othomit; que binieron en compañía de don Pedro Martín de Toro, don Marcos Felipe con título de general y don Sebastián Hernandes por capitán de cuerpo, y según los exerzitos que en aquellos tiempos formaban fueron de soldados y cabos don Rafael de la Cruz, don Ramón Juan, y don Joseph Enríquez; y otros muchos cazíquez que combocó don Pedro Martín de Toro para

(F. 28 v.)
ayudar a los españoles al reparo de chichimecas que continuamente movían guerras azolando los pueblos. Y por segunda entrada y pazificazión que estos yndios cazíquez caudillos guiaron a los españoles y el que se señaló en valentía y esfuerzo fue el dicho don Pedro Martín de Toro quien guió a los españoles al puesto y lugar que llaman la villa de Santa Fe y minas de Huanajuato, que fue el origen del descubrimiento porque venzieron a los ynfieles que avitavan en aquellas zierras. Reformaron aquellas tierras y pueblos dexando moradores en ellas. Donde se descubrieron las minas y entre los naturales pobladores uvo dos mugeres que tuvieron por nombre Ysabel y Ana que eran hermanas y que éstas estuvieron allí diputadas para el servizio de los primeros descubridores quando los españoles poblaron dicho lugar de Huanajuato, y después de dicha poblazón y descubrimiento de minas estando passificada aquella tierra se bolvieron don Pedro Martín de Toro y los suyos a abitar a los pueblos de chichimecas que es la advocazión de San Lucas *Anmonttedehe* que se interpreta río con Abrebaderos, y el de San Francisco Chamacuero, San Lucas, y San Agustín, Coroneo, San Miguel

Tarimoro, y que estas fundaziones hizieron los españoles rezién ganado este reyno a solizitud y trabaxo de don Pedro Martín de Toro el gran chichimeco fundador y caudillo que fue; y que los primeros havitadores que uvo en dichos pueblos de Tarimoro y los demás fueron los siguientes.
Don Francisco Martín *Ettzoni*; que se interpreta liziado; y don

(F. 29 r.)
Gaspar Lucas, don Miguel Hernández, don Alonzo Martín, y don Juan Ximénez, Pedro Martín *Ehmatzhani*; que se interpreta Tigre, don Juan Lucas *Equa* que se interpreta Pie; Gabriel *Enxoni*; que se interpreta Aguila, Alonso Lucas, y Juan *Ecqueya*; que se interpreta Culebra; Juan Thomás; Joseph *Echotti*; que se interpreta Pader [sic]; Alonso *Educcu*; que se interpreta Mota; Martín *Ecuhu*; que se interpreta Cuña; Miguel Lucas *Etodi*; que se interpreta Ocote; Pedro Martín *Eqhua*; que se interpreta Conejo; Juan Martín, Juan Ramos, Bernabé Esteva, Diego Hernandes, y Diego Xuárez Galán, Juan Ramírez. Estos fueron compartidos para pobladores de los dichos pueblos que de susso se haze minzión; que con disposición de dichos españoles, y la continua assistenzia que tuvo con ellos don Pedro Martín de Toro se dispuso esto assí, conpartiendo a dichos pobladores: y haviéndose hecho estas poblazones passaron otra vez a la tierra adentro el dicho don Pedro Martín de Toro con los suyos que le acompañaban armados con las armas que acostumbravan de arcos y flechas y con esta prevenzión prevenidos para la guerra ayudaron en todas las funziones a los españoles a la pazifikazión que en aquel tiempo huvo de chichimecas; y llegaron otra vez a San Juan del Río que está confinante con Sombrerete, Guadiana, y el río que llaman de Medina, cordillera de Sacatecas, y el Freznillo, Santa Cruz, y Trugillos, en donde pussieron temor a los yndios chichimecas que havitavan aquellas tierras, y los hizieron retirar al Parral, y otras partes quedando aquellos lugares pazificados, que es donde havitavan dichos chichimecas y que eran de la nazión que llaman mazcorros, y pámez, negritos, y congos caribes, y que en esta entrada y pazificazión mostró dicho don Pedro Martín de Toro

(F. 29 v.)
[Margen izquierdo: un sello como el que se describe en la f. 26 r.]
su balor y esfuerzo donde tuvieron fuertes guerras con dichos ynfieles, ayudando en todo a los españoles que fueron a la pazificazión de aquellas tierras.
[En blanco.]
En la foxa quatro de estos papeles está una pintura [figura 3] que según demuestra está un río y a su orilla arboledas y peñeríos con un

rótulo que dize San Juan del Río adelante del río de Medina junto a Sombrerete y Guadiana en la tierra adentro, y otro rótulo que dize el río de la tierra adentro. A un lado de dicho río está una pintura de un nopal con un águila ensima y una figura de un hombre armado para la guerra con arco y flechas que según demuestra estar guerreando con los chichimecas enemigos; y un rótulo que dize el capitán don Pedro Martín de Toro, y demuestra tener uno a sus pies muerto, y otro que le haze cara y entre sus pies tiene un rótulo que dize capitán don *Mazaldin;* el que le haze cara, y el muerto demuestra ser uno mismo por el nombre. Y abaxo está una figura de un hombre de a caballo. El rótulo dize caballo de guerra, y al fin de esta plana está un hombre armado con una bandera en las manos con seis figuras de hombres de a pie todos armados de arcos y flechas que según demuestran y dan a entender son los que traía en su compañía don Pedro Martín de Toro.

A la buelta de dicha foxa [figura 4] están veinte figuras de yndios armados de arcos y flechas que según da a entender los diez son de los mazcorros bellacos según dize su rótulo y los otros diez de los que le acompañaban a don Pedro Martín de Toro con un rótulo que dize; los huachichiles; y el estar la plana llena de dichas figuras significa y da a entender la muchedumbre de chichimecas que huvo en aquellos tiempos.

(F. 30 r.)
[Margen izquierdo: un sello como el que se describe en la f. 26 r.]
En la foxa sinco de estos papeles [figura 5] están diez figuras de hombres que según se reconoce y da a entender son los españoles que salieron a la conquista y descubrimiento de aquellas tierras entre los quales yba don Marcos Phelipe según el rótulo dize y biéndose cercanos a los ynfieles armaron un fuerte, o castillo para su resguardo, teniendo por guarnizión a dicho don Pedro Martín de Toro con los suyos que le acompañaban a estas entradas y pazificaziones.
[En blanco.]
A la buelta de dicha foxa sinco [figura 6] están quinze figuras de hombres armados de arcabuzes y otras armas españoles que según da a entender son españoles también de los que salieron a la pazifícazión y descubrimientos de aquellas tierras.
[En blanco.]
En la foxa seis de dichos papeles [figura 7] están diez y ocho figuras de hombres con demostrazión de regozijo que según se reconoze fue haviendo pazificado aquellas tierras tuvieron regozijo; y por aber sido venzedores, y aberles acaudillado don Pedro Martín de Toro, en señal de agradezimiento y por lo bien que avía hecho le dieron los españoles de las armas que llevaban y lo vistieron al huso español nombrándole

por capitán de los huachichiles, conquistador de la tierra adentro, que así lo dize el rótulo; y otro que dize capitán general don Marcos Phelipe, natural de la villa de San Miguel el Grande; y otro rótulo que dize don Sebastián Hernandes capitán de cuerpo; natural de la villa de San Miguel el Grande; y otro rótulo que dize el regozijo que huvo con don Pedro Martín de Toro fue en señal de la vitoria que tuvieron.

A la buelta de dicha foxa [figura 8] está la ciudad y lugar que llaman de Santiago Querétaro que según de la pintura se reconoce en dicho lugar huvo regozijo, y se lidiaron toros en ella después de pazificadas aquellas tierras.

(F. 30 v.)
[Al margen:] *En la foxa siete*
Prozigue una relazión que dize años de mil quinientos y treinta y quatro se pobló el pueblo de Santiago de Querétaro que lo havitavan los chichimecas manzos y se mudaron a la Cañada de Pathe que se interpreta Agua Caliente. Se pazificaron los huachichiles rezivieron el santo baptismo. Se nombró la villa de San Miguel el Grande donde acudían a la doctrina; fue la primera poblazón aunque sugeto a Querétaro y se fundaron el pueblo de San Francisco Chamacuero; y el de San Lucas, pueblos de huachichiles chichimecos manzos, y San Agustín; en este tiempo quisieron congregarlos y juntarlos porque no estuvieran careziendo de doctrina y no se pudo conseguir por entonzes porque aunque vino un juez llamado Francisco Tamayo, y Diego Betorán su escrivano, estos por tres vezes quizieron juntar y congregar a dichos huachichiles y no lo pudieron conseguir; y el padre que les administrava los santos sacramentos y doctrina benía de San Miguel el Grande que allá tocaba, y desde que sussedió la desgrazia que los chichimecas mataron a los religiosos del Horden de Nuestro Padre San Francisco, dexaron de baxar por el temor de los yndios, y con esta ocazión desmamparararon [sic] los padres doctrineros algunos de aquellos pueblos y acudieron a su administración los religiosos de Apazeo por estar más zercanos y para sossegar la alterazión de chichimecas ayudaron a los españoles don Juan Martín y don Pedro Martín de Toro, y don Fernando de Tapia, natural que fue de la provinzia de Tlaxcala el qual tuvo estrecha amistad con los yndios huachichiles de la Cañada, y en compañía de otros señores y cazíquez salieron a pazificar capitaniándolos don Pedro Martín de Toro, y don Nicolás de San Luis y don Pedro Conejo, don Marcos Juan, don Agustín García. Estos en compa-

(F. 31 r.)
ñía de los españoles fundaron y poblaron los lugares y pueblos de Santiago Querétaro, Salaya y Salvatierra, Coroneo, y Tarimoro, y los

demás de los chichimecas; y que en dicho Querétaro procreó hijos el dicho don Fernando de Tapia como primeros pobladores y entre ellos tuvo un hijo que se llamó don Diego de Tapia y una hija que se llamó doña Luiza de Tapia y que fue monja de las primitivas y la primera abadeza que huvo, por haver sido la pobladora y fundadora del convento de monjas de Querétaro. Y quando los quizieron bolver a congregar y juntar nunca se pudo conseguir, porque se bolvían luego a los puestos y lugares de donde fueron nazidos y criados; y que el dicho don Diego de Tapia se mantuvo muchos años en el cargo de governador de Querétaro porque fue tenido y conozido por señor de los huachichiles en compañía de don Pedro Martín de Toro, y que don Andrés Sánchez fue poblador y fundador y quien fabricó el templo del pueblo de Apazeo el Bajo y costeó el primer retablo que huvo en él, mandó hazer seldas para los padres, formó comunidad y cassas reales. Dispusso zementeras para los gastos de la yglesia y pueblo; y refiere el escripto que dichos yndios cazíquez y caudillos ayudaron a los españoles a la pazificazión de la tierra adentro y se nombraron Sombrerete y se pobló la Nueba Viscaya de Chametla, Santa Bárbara y Guadiana, y haviendo pazificado aquellas tierras bolvieron al puesto de Santa María que por ser abitazión de los chichimecas le acomodaron el nombre de Chichimequillas y que tuvieron muchas guerras con los ynfieles y que de allí passaron al puesto que llaman el Pinal Azul, y de allí los españoles en compañía de dichos yndios caudillos passaron a pazificar el pueblo de San Pedro Tolimá[n] y anduvieron todos aquellos lugares y zerranías

(F. 31 v.)
[Margen izquierdo: un sello como el que se describe en la f. 26 r.]
y el puesto que llaman *Poxincqueyo* y las Palmas, y que passaron a el río que llaman de los Bagres. Pazificaron todas aquellas tierras y que uvo muchas mortandades y hambres, y que de allí passaron al puesto que llaman las Vigas y después de haver pazificado aquellas tierras passaron y fueron a dar a un lugar puesto que llaman Quencame y el Río Berde. Pazificaron aquellas tierras, y de allí passaron a la Guaxteca. Conquistaron y pazificaron a los thotonácoz que havían en aquellos lugares y que allí passaron infinitos trabajos por la aspereza de la tierra y hambres en la ocazión les aflixían. Quedaron pazificadas; y de buelta que se binieron caminando para Querétaro pazificaron y poblaron el pueblo de San Gerónimo, San Sebastián y la cañada que llaman el Hovero y la laguna zeca y zerro Gordo. Y que de allí passaron al Puerto de Ñeto, y de allí passaron a Santa Catharina, y Jurica donde descubrieron unas minas que están en aquellos zerros; refiere el escripto y dize que el dicho don Pedro Martín de Toro fue valerozo, y que no hablava bien en mexicano,

ni en castellano, que era de la nazión othomit y que fueron de su linage don Christoval de los Ángeles, cassado que fue con doña Beatrís sin mentar apellido, y don Pablo, don Gerónimo de Abalos, don Vizente y don Diego de Granada governador que fue del pueblo de *Tepexi*, don Matheo de la Barzena que fue de *Hueychiapa*; don Nicolás de Barzena; y don Juan *Popoca* que fueron del pueblo de Yzmiquilpa; y don Christoval, don Nicolás de la Barzena que fueron del pueblo de San Juan del Río, y que dichos caudillos después de haver ayudado a los españoles en todas las entradas y pazificaziones que en aquellos tiempos se ofrezieron se volvieron a havitar cada qual a sus lugares: don Fernando

(F. 32 r.)
[Margen izquierdo: un sello como el que se describe en la f. 26 r.]
de Tapia en Querétaro, y don Pedro Martín de Toro con los suyos, y don Nicolás de San Luis quedando con el título de capitanes de los huachichiles chichimecos manzos amigos, y en particular el dicho don Pedro Martín de Toro; y este trasunto [h]e hecho de la lengua othomit a la castellana a todo mi leal saber, y entender sin fraude alguno y assí lo juro a Diós nuestro señor y a la señal de la sancta cruz en forma de dicho y lo firmé en la ciudad de México ante el prezente escrivano de este superior gobierno, en veinte y ocho días del mes de julio de mil setezientos y tres años.

Don Diego García de Mendosa Motecsuma [rubricado].

BIBLIOGRAFÍA

Alcalá, Jerónimo de (?), *La relación de Michoacán*, Francisco Miranda, editor, México, Secretaría de Educación Pública, 1988.

Armillas, Pedro, "Condiciones ambientales y movimientos de pueblos en la frontera septentrional de Mesoamérica", en *Pedro Armillas: vida y obra*, vol. 2, Teresa Rojas Rabiela, editora, México, Centro de Investigaciones y Estudios Superiores en Antropología Social, 1991, pp. 207-232.

———, "Chichimecas y esquimales: la frontera norte de Mesoamérica", en *La aventura intelectual de Pedro Armillas, visión antropológica de la historia de América*, José Luis de Rojas, editor, Zamora, El Colegio de Michoacán, 1987, pp. 35-66.

Artigas, Juan Benito, *Capillas abiertas aisladas de México*, 2ª ed., México, Facultad de Arquitectura, Universidad Nacional Autónoma de México, 1982.

Atlas cultural de México, lingüística, Leonardo Manrique Castañeda, editor, México, Secretaría de Educación Pública/Instituto Nacional de Antropología e Historia/Grupo Editorial Planeta, 1988.

Ayala Echávarri, Rafael, "Relación de méritos de D. Pedro Martín de Toro, pasificador [sic] indígena de la vasta región chichimeca", en *Querétaro*, núm. 48, diciembre de 1962, pp. 11-24.

Barlow, Robert H., *The Extent of the Empire of the Culhua Mexica*, Berkeley y Los Ángeles, University of California Press, 1949.

———, "Las provincias septentrionales del imperio de los mexicanos", en *Obras de Robert H. Barlow*, vol. 3: *Los mexicas y la triple alianza*, México, Instituto Nacional de Antropología e Historia/Universidad de las Américas, 1990, pp. 173-175.

Basalenque, Diego, *Historia de la provincia de San Nicolás de Tolentino de Michoacán del orden de N. P. S. Agustín*, José Bravo Ugarte, editor, México, Jus, 1963.

Basauri, Carlos, *La población indígena de México*, 2ª ed., vol. 3, México, Consejo Nacional para la Cultura y las Artes/Instituto Nacional Indigenista, 1990.

Beaumont, Pablo, *Crónica de Michoacán*, 3 vols., Morelia, Balsal, 1985-1987.

Botho Gazpar, Anastasio, "La cultura hñähñü", en *Nos queda la esperanza, el Valle del Mezquital*, Carlos Martínez Assad y Sergio Sarmiento, coordinadores, México, Consejo Nacional para la Cultura y las Artes, 1991, pp. 249-256.

Brambila, Rosa, "Datos generales del Bajío", en *Cuadernos de Arquitectura Mesoamericana* (Facultad de Arquitectura, Universidad Nacional Autónoma de México), núm. 25, marzo de 1993, pp. 3-10.

——, "La delimitación del territorio en el México prehispánico y el concepto de frontera", en *Tiempo y territorio en arqueología, el centro norte de México*, Ana María Crespo Oviedo y Carlos Viramontes Anzures, coordinadores, México, Instituto Nacional de Antropología e Historia, 1996, pp. 15-21.

——, "La provincia de Jilotepec dentro de la triple alianza", en *Códices y documentos sobre México, primer simposio*, Constanza Vega Sosa, compiladora, México, Instituto Nacional de Antropología e Historia, 1994, pp. 223-236.

——, "La zona septentrional en el Posclásico", en *Historia antigua de México*, vol. 3, Linda Manzanilla y Leonardo López Luján, coordinadores, México, Instituto Nacional de Antropología e Historia/Coordinación de Humanidades e Instituto de Investigaciones Antropológicas, Universidad Nacional Autónoma de México/Miguel Ángel Porrúa, 1995, pp. 307-327.

——, y Carlos Castañeda López, "Estructuras con espacios hundidos", en *Cuadernos de Arquitectura Mesoamericana* (Facultad de Arquitectura, Universidad Nacional Autónoma de México), núm. 25, marzo de 1993, pp. 73-78.

——, Carlos Castañeda López, Ana María Crespo Oviedo, Trinidad Durán, Luz María Flores Morales y Juan Carlos Saint-Charles Zetina, "Problemas de las sociedades prehispánicas del centro occidente de México, resumen", en *Primera reunión sobre las sociedades prehispánicas en el centro occidente de México, memoria*, México, Instituto Nacional de Antropología e Historia, 1988, pp. 11-21.

——, Ana María Crespo Oviedo y Juan Carlos Saint-Charles Zetina, "Juegos de pelota en el Bajío", en *Cuadernos de Arquitectura Mesoamericana* (Facultad de Arquitectura, Universidad

Nacional Autónoma de México), núm. 25, marzo de 1993, pp. 88-95.

Brambila, Rosa, y Margarita Velasco, "Materiales de La Negreta y la expansión de Teotihuacan al norte", en *Primera reunión sobre las sociedades prehispánicas en el centro occidente de México, memoria*, México, Instituto Nacional de Antropología e Historia, 1988, pp. 287-297.

Braniff Cornejo, Beatriz, "Comentarios a la sesión de arqueología", en *Problemas del desarrollo histórico de Querétaro, 1531-1981*, Querétaro, Publicaciones del 450 Aniversario de la Fundación de Querétaro, 1981, pp. 73-77.

――――, *La estratigrafía arqueológica de Villa de Reyes, San Luis Potosí*, México, Instituto Nacional de Antropología e Historia, 1992.

――――, "La frontera septentrional de Mesoamérica", en *Historia antigua de México*, vol. 1, Linda Manzanilla y Leonardo López Luján, coordinadores, México, Instituto Nacional de Antropología e Historia/Coordinación de Humanidades e Instituto de Investigaciones Antropológicas, Universidad Nacional Autónoma de México/Miguel Ángel Porrúa, 1994, pp. 113-143.

――――, "Mesoamérica y el noroeste de México", en *La validez teórica del concepto de Mesoamérica, XIX mesa redonda de la Sociedad Mexicana de Antropología*, México, Instituto Nacional de Antropología e Historia, 1990, pp. 119-127.

――――, "El norte de México: la Gran Chichimeca", en *Arqueología Mexicana* (Editorial Raíces/Instituto Nacional de Antropología e Historia), vol. 1, núm. 6, febrero-marzo de 1994, pp. 14-19.

――――, "Oscilación de la frontera norte mesoamericana: un nuevo ensayo", en *Arqueología* (Dirección de Arqueología, Instituto Nacional de Antropología e Historia), 2ª época, núm. 1, enero-junio de 1989, pp. 99-114.

――――, "Secuencias arqueológicas en Guanajuato y la cuenca de México: intento de correlación", en *Teotihuacan, XI mesa redonda*, México, Sociedad Mexicana de Antropología, 1972, pp. 273-323.

Brown, Roy B., *Arqueología y paleoecología del norcentro de México*, México, Instituto Nacional de Antropología e Historia, 1992.

Brumfiel, Elizabeth M., y Charles D. Frederick, "Xaltocan: centro regional de la cuenca de México", en *Consejo de Arqueología,*

Boletín (Instituto Nacional de Antropología e Historia), 1991, pp. 24-30.

Brumfiel, Elizabeth M., Tamara Salcedo y David K. Schafer, "The Lip Plugs of Xaltocan, Function and Meaning in Aztec Archaeology", en *Economies and Polities in the Aztec Realm*, Mary G. Hodge y Michael E. Smith, editores, Albany, Institute for Mesoamerican Studies, State University of New York at Albany, 1994, pp. 113-131.

Butzer, Karl W., "The Bajío: Mexico's First Colonial Frontier", décimo-primera conferencia conmemorativa Sauer, University of California, Berkeley (manuscrito inédito), 2 de noviembre de 1989.

————, "Haciendas, Irrigation and Livestock", en *Field Trip Guide, 1989 Conference of Latin Americanist Geographers*, William E. Doolittle, compilador, Austin, Department of Geography, University of Texas at Austin, 1989, pp. 91-122.

Cabrero García, María Teresa, *Civilización en el norte de México, arqueología de la cañada del río Bolaños (Zacatecas y Jalisco)*, México, Instituto de Investigaciones Antropológicas, Universidad Nacional Autónoma de México, 1989.

Cajero José, Ramiro, y Roberto Lemus Aparicio, *Ma he'mi nge ñhähñu, Mi libro de otomí, Tenango de Doria, Hidalgo*, México, Secretaría de Educación Pública, 1981.

Campbell, Lyle, "Middle American Languages", en *The Languages of Native America: Historical and Comparative Assessment*, Lyle Campbell y Marianne Mithon, editores, Austin/Londres, University of Texas Press, 1979, pp. 902-1000.

Carrasco Pizana, Pedro, *Los otomíes: cultura e historia prehispánica de los pueblos mesoamericanos de habla otomiana*, México, Instituto de Historia, Universidad Nacional Autónoma de México/Instituto Nacional de Antropología e Historia, 1950.

Carrillo Cázares, Alberto, *Partidos y padrones del Obispado de Michoacán: 1680-1685*, Morelia/Zamora, Gobierno del Estado de Michoacán/El Colegio de Michoacán, 1996.

Casas, Gonzalo de las, "Noticia de los chichimecas y justicia de la guerra que se les ha hecho por los españoles", en *Quellen zur Kulturgeschichte des präkolumbischen Amerika*, 1ª reimp., Nueva York/Londres, Johnson Reprint, 1968, pp. 123-215.

Caso, Alfonso, "Un códice en otomí", en *Proceedings of the*

Twenty-Third International Congress of Americanists, Estados Unidos de América, 1928, pp. 130-135 (sobretiro).

Castañeda López, Carlos, y Yolanda Cano Romero "La arquitectura monumental de San Bartolo Agua Caliente", en *Cuadernos de Arquitectura Mesoamericana* (Facultad de Arquitectura, Universidad Nacional Autónoma de México), núm. 25, marzo de 1993, pp. 64-72.

——, "Los túmulos funerarios de Chupícuaro, el caso de la Virgen, Guanajuato", en *Cuadernos de Arquitectura Mesoamericana* (Facultad de Arquitectura, Universidad Nacional Autónoma de México), núm. 25, marzo de 1993, pp. 23-27.

——, Beatriz Cervantes, Ana María Crespo Oviedo y Luz María Flores Morales, "Poblamiento prehispánico en el centro norte de la frontera mesoamericana", en *Antropología* (Instituto Nacional de Antropología e Historia), nueva época, núm. 28, octubre-diciembre de 1989, pp. 34-43.

——, Ana María Crespo Oviedo, José Antonio Contreras, Juan Carlos Saint-Charles Zetina, Trinidad Durán y Luz María Flores Morales, "Interpretación de la historia del asentamiento en Guanajuato", en *Primera reunión sobre las sociedades prehispánicas en el centro occidente de México, memoria*, México, Instituto Nacional de Antropología e Historia, 1988, pp. 321-355.

——, Ana María Crespo Oviedo y Luz María Flores Morales, "Santa María del Refugio: una ocupación de fase Tlamimilolpa en el Bajío", en *Tiempo y territorio en arqueología, el centro norte de México*, Ana María Crespo Oviedo y Carlos Viramontes Anzures, coordinadores, México, Instituto Nacional de Antropología e Historia, 1996, pp. 161-178.

Castillo Farreras, Víctor M., "'Matrícula de tributos': comentarios, paleografía y versión", en *Historia de México*, vol. 2, Barcelona/México, Salvat Editores, 1974, pp. 231-296.

Castro-Leal, Marcia, Clara L. Díaz y María Teresa García, "Los tarascos", en *Historia general de Michoacán*, vol. 1, *Escenario ecológico, época prehispánica*, Fernando Guevara y Marcia Castro-Leal, coordinadores del vol., Morelia, Instituto Michoacano de Cultura, Gobierno del Estado de Michoacán, 1989, pp. 191-304.

Catálogo de ilustraciones, 14 vols., María Cristina Sánchez de Bonfil, coordinadora, México, Archivo General de la Nación, 1979-1982.

Ciudad Real, Antonio de, *Tratado curioso y docto de las grandezas de la Nueva España*, 2 vols., Josefina García Quintana y Víctor M. Castillo Farreras, editores, México, Instituto de Investigaciones Históricas, Universidad Nacional Autónoma de México, 1976.

Cline, Howard F., "A Census of the *Relaciones Geográficas* of New Spain", en *Handbook of Middle American Indians*, vol. 12: *Guide to Ethnohistorical Sources, part one*, Howard F. Cline, editor del vol., Austin, University of Texas Press, 1972, pp. 324-369.

――――, "The *Relaciones Geográficas* of Spain, New Spain, and the Spanish Indies: An Annotated Bibliography", en *Handbook of Middle American Indians*, vol. 12: *Guide to Ethnohistorical Sources, part one*, Howard F. Cline, editor del vol., Austin, University of Texas Press, 1972, pp. 370-395.

――――, "The *Relaciones Geográficas* of the Spanish Indies, 1577-1648", en *Handbook of Middle American Indians*, vol. 12: *Guide to Ethnohistorical Sources, part one*, Howard F. Cline, editor del vol., Austin, University of Texas Press, 1972, pp. 183-242.

Cobarruvias Orozco, Sebastián de, *Tesoro de la lengua castellana o española*, Madrid, Turner, 1984.

Cobean, Robert H., Alba Guadalupe Mastache de Escobar, Ana María Crespo Oviedo y Clara L. Díaz, "La cronología de la región de Tula", en *Interacción cultural en México central*, México, Instituto de Investigaciones Antropológicas, Universidad Nacional Autónoma de México, 1981, pp. 187-214.

Códice de Huamantla, facsímil y estudio, 2 vols., Carmen Aguilera, editora, Tlaxcala, Instituto Tlaxcalteca de la Cultura, 1984.

El códice de Huichapan, facsímil y estudio, Óscar Reyes Retana, editor, México, Telecomunicaciones de México, 1992.

El códice de Huichapan, I. Relato otomí del México prehispánico y colonial, Manuel Alvarado Guinchard, editor y traductor, México, Instituto Nacional de Antropología e Historia, 1976.

Códice de Jilotepec, facsímil y estudio, Óscar Reyes Retana, editor, Jilotepec, H. Ayuntamiento de Jilotepec, 1990.

Los códices de México, Yolanda Mercader Martínez, Alberto Ruz Lhuillier y Leonardo Manrique Castañeda, editores, México, Museo Nacional de Antropología, Instituto Nacional de Antropología e Historia, 1979.

Códice de San Antonio Techialoyan A 701, manuscrito pictográfico de

San Antonio de la Isla, Estado de México, Nadine Béligand, editora, Toluca, Instituto Mexiquense de Cultura, Gobierno del Estado de México, 1993.

Códice Techialoyan García Granados, Xavier Noguez, editor, Toluca, El Colegio Mexiquense/Gobierno del Estado de México, 1992.

Colección de Mendoza o códice mendocino, documento mexicano del siglo XVI que se conserva en la Biblioteca Bodleiana de Oxford, Inglaterra, facsímil de la edición de 1925, Jesús Galindo y Villa, editor, México, Editorial Innovación, 1980.

Cortés, Hernán, *Cartas de relación*, 9ª ed., México, Editorial Porrúa, 1976.

Crespo Oviedo, Ana María, "Estructuras de planta circular en el Bajío", en *Cuadernos de Arquitectura Mesoamericana* (Facultad de Arquitectura, Universidad Nacional Autónoma de México), núm. 25, marzo de 1993, pp. 79-87.

——, "El recinto ceremonial de El Cerrito", en *Querétaro prehispánico*, México, Instituto Nacional de Antropología e Historia, 1991, pp. 163-223.

——, "Un planteamiento sobre el proyecto constructivo del recinto ceremonial de El Cerrito", en *El heraldo de Navidad* (Patronato de las Fiestas de Querétaro), 1986, pp. 31-36.

——, "La tradición cerámica del blanco levantado", en *Tiempo y territorio en arqueología, el centro norte de México*, Ana María Crespo Oviedo y Carlos Viramontes Anzures, coordinadores, México, Instituto Nacional de Antropología e Historia, 1996, pp. 77-88.

——, "Variantes del asentamiento en el Valle de Querétaro, siglos I al X d.C.", en *Querétaro prehispánico*, México, Instituto Nacional de Antropología e Historia, 1991, pp. 99-135.

——, *Villa de Reyes, S. L. P.: un núcleo agrícola en la frontera norte de Mesoamérica*, México, Instituto Nacional de Antropología e Historia, 1976.

——, y Beatriz Cervantes J., "Raíz colonial de la tradición otomiana en la región Guanajuato-Querétaro", en *Historias*, núm. 24, México, Instituto Nacional de Antropología e Historia, abril-septiembre de 1990, pp. 87-106.

——, Luz María Flores Morales y Carlos Castañeda López, "La arqueología en Guanajuato", en *La antropología en México, pano-*

rama histórico, vol. 13, Carlos García Mora y Mercedes Mejía Sánchez, coordinadores, México, Instituto Nacional de Antropología e Historia, 1988, pp. 253-278.

Crespo Oviedo, Ana María, y Alba Guadalupe Mastache de Escobar, "La presencia en el área de Tula, Hidalgo, de grupos relacionados con el barrio de Oaxaca en Teotihuacan", en *Interacción cultural en México central*, México, Instituto de Investigaciones Antropológicas, Universidad Nacional Autónoma de México, 1981, pp. 99-106.

———, y Juan Carlos Saint-Charles Zetina, "Formas arquitectónicas del Bajío, la división en cuadrantes del espacio central", en *Cuadernos de Arquitectura Mesoamericana* (Facultad de Arquitectura, Universidad Nacional Autónoma de México), núm. 25, marzo de 1993, pp. 58-63.

——— y ———, "Ritos funerarios y ofrendas de élite, las vasijas Xajay", en *Tiempo y territorio en arqueología, el centro norte de México*, Ana María Crespo Oviedo y Carlos Viramontes Anzures, coordinadores, México, Instituto Nacional de Antropología e Historia, 1996, pp. 115-142.

———, Ana María, Carlos Viramontes Anzures y Alberto Herrera, *Arqueología e historia antigua en Querétaro*, Querétaro, Gobierno del Estado de Querétaro/Centro Regional Querétaro, Instituto Nacional de Antropología e Historia, 1992.

Cruces Carvajal, Ramón, *Testimonios de fray Pedro de Gante, 1523-1572*, Texcoco, ed. privada, 1985.

Cruz Rangel, José Antonio, "Querétaro en los umbrales de la Conquista", en *Indios y franciscanos en la construcción de Santiago de Querétaro (siglos XVI y XVII)*, Querétaro, Gobierno del Estado de Querétaro, 1997, pp. 13-46.

Chemin Bassler, Heidi, *Los pames septentrionales de San Luis Potosí*, México, Instituto Nacional Indigenista, 1984.

Davies, Claude Nigel Byam, *The Aztec Empire, the Toltec Resurgence*, Norman y Londres, University of Oklahoma Press, 1987.

———, *Los señoríos independientes del imperio azteca*, México, Instituto Nacional de Antropología e Historia, 1968.

———, *The Toltec Heritage, From the Fall of Tula to the Rise of Tenochtitlan*, Norman, University of Oklahoma Press, 1980.

———, *The Toltecs Until the Fall of Tula*, 2ª ed., Norman, University of Oklahoma Press, 1987.

Diehl, Richard A., "A Shadow of Its Former Self: Teotihuacan During the Coyotlatelco Period", en *Mesoamerica After the Decline of Teotihuacan, A. D. 700-1000*, Richard A. Diehl y Janet Catherine Berlo, editores, Washington, Dumbarton Oaks, 1989, pp. 9-18.

Driver, Harold E., y Wilhelmine Driver, *Ethnography and Acculturation of the Chichimeca-Jonaz of Northeast Mexico*, Bloomington, Indiana University, 1963.

Espinosa, Isidro Félix de, *Crónica de la provincia franciscana de los apóstoles San Pedro y San Pablo de Michoacán*, 2ª ed., México, Santiago, 1945.

Estrada Balmori, Elma, y Román Piña Chan, "Funeraria en Chupícuaro", en *Cuadernos del Seminario de Estudios Prehispánicos de Guanajuato* (Dirección General de Extensión, Universidad de Guanajuato), año 1, núm. 0, 1996, pp. 21-25.

Fernández, Rodolfo, y Daría Deraga, "La zona occidental en el Clásico", en *Historia antigua de México*, vol. 2, Linda Manzanilla y Leonardo López Luján, coordinadores, México, Instituto Nacional de Antropología e Historia/Coordinación de Humanidades e Instituto de Investigaciones Antropológicas, Universidad Nacional Autónoma de México/Miguel Ángel Porrúa, 1995, pp. 175-203.

Fernández de Recas, Guillermo S., *Cacicazgos y nobiliario indígena de la Nueva España*, México, Instituto Bibliográfico Mexicano, Universidad Nacional Autónoma de México, 1961.

Flores, Dolores, *Ofrendas funerarias de Chupícuaro, Gto.*, catálogo de *las colecciones arqueológicas del Museo Nacional de Antropología*, México, Museo Nacional de Antropología, Instituto Nacional de Antropología e Historia, 1992.

Flores Morales, Luz María, y Ana María Crespo Oviedo, "Elementos cerámicos de asentamientos toltecas en Guanajuato y Querétaro", en *Ensayos de alfarería prehispánica e histórica de Mesoamérica*, Mari Carmen Serra Puche y Carlos Navarrete Cáceres, editores, México, Instituto de Investigaciones Antropológicas, Universidad Nacional Autónoma de México, 1988, pp. 205-220.

Font Fransi, Jaime, "Desarrollo y consolidación del conjunto conventual de San Francisco de la ciudad de Santiago de Querétaro durante el siglo XVII", en *Indios y franciscanos en la cons-*

trucción de Santiago de Querétaro (siglos XVI y XVII), Querétaro, Gobierno del Estado de Querétaro, 1997, pp. 221-284.

Frías, Valentín F., *Opúsculos queretanos, la conquista de Querétaro*, Querétaro, Imprenta de la Escuela de Artes del Señor San José, 1906.

Galinier, Jacques, *N'yühü, les Indiens Otomis, hiérarchie sociale et tradition dans le Sud de la Huasteca*, México, Mission Archéologique et Ethnologique Française au Mexique, 1979.

――――, *Pueblos de la Sierra Madre, etnografía de la comunidad otomí*, Mariano Sánchez Ventura y Philippe Chéron, traductores, México, Instituto Nacional Indigenista, 1987.

Galván Villegas, Luis Javier, *Las tumbas de tiro del Valle de Atemajac, Jalisco*, México, Instituto Nacional de Antropología e Historia, 1991.

García Samper, María Asunción, "La presencia otomí-matlame en la región norte de la cuenca de México; un caso de la confederación de señoríos: Xaltocan-Ecatepec-Chiconauhtlan siglos IX-XII", en *Mesoamérica y norte de México, siglos IX-XII, seminario de arqueología "Wigberto Jiménez Moreno"*, vol. 2, Federica Sodi Miranda, coordinadora, México, Museo Nacional de Antropología, Instituto Nacional de Antropología e Historia, 1990, pp. 363-390.

Gerhard, Peter, *Geografía histórica de la Nueva España: 1519-1821*, Stella Mastrangelo, traductora, México, Instituto de Investigaciones Históricas, Universidad Nacional Autónoma de México, 1986.

――――, *A Guide to the Historical Geography of New Spain*, Cambridge, University Press, 1972.

――――, *Síntesis e índice de los mandamientos virreinales, 1548-1553*, Stella Mastrangelo, traductora, México, Instituto de Investigaciones Históricas, Universidad Nacional Autónoma de México, 1986. (Este libro sintetiza los mandamientos y mercedes de los virreyes Antonio de Mendoza y Luis de Velasco I, fechados entre 1548 y 1553, existentes en tres acervos: Archivo General de la Nación, grupos documentales Civil, vol. 1271, y Mercedes, vol. 3; Library of Congress, Washington, D. C., Kraus Collection, ms. 140, y Newberry Library, Chicago, Ayer Collection, ms. 1121. Los documentos del mencionado volumen de Washington son presentados de manera más completa en el libro de Silvio Zavala, *Asientos de la gobernación de la Nueva España*, en esta bibliografía. Para versiones más completas de los manuscritos de Washington y Chicago, véase el libro *"Y por mí visto..."*, también en esta bibliografía.)

Gilberti, Maturino, *Vocabulario en lengua de Mechuacan*, México, Casa de Juan Pablos Bressano, 1559.

———, *Vocabulario en lengua de Mechuacan*, facsímil de la edición de 1559, Chimalistac, México, Centro de Estudios de Historia de México de Condumex, 1990.

Glass, John B., *Catálogo de la colección de códices*, México, Museo Nacional de Antropología, Instituto Nacional de Antropología e Historia, 1964.

———, "A Census of Middle American Testerian Manuscripts", en *Handbook of Middle American Indians*, vol. 14: *Guide to Ethnohistorical Sources, part three*, Howard F. Cline, editor del vol., Austin, University of Texas Press, 1975, pp. 281-296.

———, "A Survey of Native American Pictorial Manuscripts", en *Handbook of Middle American Indians*, vol. 14: *Guide to Ethnohistorical sources, part three*, Howard F. Cline, editor del vol., Austin, University of Texas Press, 1975, pp. 3-80.

———, y Donald Robertson, "A Census of Native American Pictorial Manuscripts", en *Handbook of Middle American Indians*, vol. 14: *Guide to Ethnohistorical Sources, part three*, Howard F. Cline, editor del vol., Austin, University of Texas Press, 1975, pp. 81-252.

Gómez de Orozco, Federico, *Crónicas de Michoacán*, 3ª ed., México, Universidad Nacional Autónoma de México, 1972.

Gruzinski, Serge, "La memoria multilada: construcción del pasado y mecanismos de la memoria en un grupo otomí de la mitad del siglo XVII", en *La memoria y el olvido, segundo simposio de historia de las mentalidades*, México, Dirección de Estudios Históricos, Instituto Nacional de Antropología e Historia, 1985, pp. 33-46.

Güemes, Lina Odena, "Los otomíes de Tlaxcala: ¿antiguos pobladores o inmigrantes recientes?", en *Antropología* (Instituto Nacional de Antropología e Historia), nueva época, núm. 41, 1994, pp. 2-5.

Gutiérrez Casillas, José, *Historia de la Iglesia en México*, 2ª ed., México, Porrúa, 1984.

Harvey, Herbert R., *Códice Techialoyan de Huixquilucan (Estado de México)*, Toluca, El Colegio Mexiquense/Gobierno del Estado de México, 1993.

―――, "Cultural Continuity in Central Mexico: A Case for Otomangue", en *XXXV Congreso Internacional de Americanistas, México, 1962, actas y memorias*, vol. 2, México, Instituto Nacional de Antropología e Historia, 1964, pp. 525-532.

―――, "The *Relaciones Geográficas*, 1579-1586: Native Languages", en *Handbook of Middle American Indians*, vol. 12: *Guide to Ethnohistorical Sources, part one*, Howard F. Cline, editor del vol., Austin, University of Texas Press, 1972, pp. 279-323.

Hekking, Ewald, y Severiano Andrés de Jesús, *Diccionario español-otomí de Santiago Mexquititlán*, Querétaro, Universidad Autónoma de Querétaro, 1989.

Herrera, Antonio de, *Descripción de las Indias Occidentales* [obra encuadernada junto con la *Historia general de los hechos de los castellanos...*, del mismo autor], Madrid, Imprenta Real de Nicolás Rodríguez Franco, 1730.

―――, *Historia general de los hechos de los castellanos en las islas y tierra firme del mar Océano*, 2ª ed., 4 vols., Madrid, Imprenta Real de Nicolás Rodríguez Franco/Francisco Martínez Abad, 1726 y 1730.

―――, *Historia general de los hechos de los castellanos en las islas y tierra firme del mar Océano*, ed. moderna, 10 vols., Asunción de Paraguay, Editorial Guaranía, 1944-1947.

Herrera Muñoz, Alberto Juan, "Cuicillo del Conejo, Punta de Obrajuelo, Guanajuato", en *Cuadernos de Arquitectura Mesoamericana* (Facultad de Arquitectura, Universidad Nacional Autónoma de México), núm. 25, marzo de 1993, pp. 28-39.

―――, *Minería de cinabrio en la región El Doctor, Querétaro*, tesis de licenciatura, México, Escuela Nacional de Antropología e Historia, 1994.

―――, y Jorge A. Quiroz Moreno, "Historiografía de la investigación arqueológica de la Sierra Gorda de Querétaro", en *Querétaro prehispánico*, México, Instituto Nacional de Antropología e Historia, 1991, pp. 285-306.

Hers, Marie-Areti, *Los toltecas en tierras chichimecas*, México, Instituto de Investigaciones Estéticas, Universidad Nacional Autónoma de México, 1989.

Hopkins, Nicholas A., "Otomanguean Linguistic Prehistory", en *Essays in Otomanguean Culture History*, J. Kathryn Josserand, Marcus Winter y Nicholas Hopkins, editores, Nashville, Vanderbilt University, 1984, pp. 25-64.

Jiménez Betts, Peter, "La Quemada", en *Arqueología Mexicana* (Editorial Raíces/Instituto Nacional de Antropología e Historia), vol. 1, núm. 6, febrero-marzo de 1994, pp. 45-47.

——, "Una red de interacción del noroeste de Mesoamérica: una interpretación", en *Origen y desarrollo de la civilización en el occidente de México, homenaje a Pedro Armillas y Ángel Palerm*, Brigitte Boehm de Lameiras y Phil C. Weigand, coordinadores, Zamora, El Colegio de Michoacán, 1992, pp. 177-204.

Jiménez Moreno, Wigberto, "La colonización y evangelización de Guanajuato en el siglo XVI", en *Cuadernos Americanos*, vol. 13, núm. 1, enero-febrero de 1944, pp. 125-149.

——, "La colonización y evangelización de Guanajuato en el siglo XVI", en *El norte de México y el sur de los Estados Unidos, tercera reunión de mesa redonda sobre problemas antropológicos de México y Centro América*, México, Sociedad Mexicana de Antropología, s. f. (la mesa redonda fue en 1943), pp. 17-40.

Josserand, J. Kathryn, Marcus C. Winter y Nicholas A. Hopkins, "Introduction", en *Essays in Otomanguean Culture History*, J. Kathryn Josserand, Marcus C. Winter y Nicholas Hopkins, editores, Nashville, Vanderbilt University, 1984, pp. 1-24.

Kaufman, Terrence, *Idiomas de Mesoamérica*, Guatemala, Editorial José de Pineda Ibarra/Ministerio de Educación, 1974.

Kelley, John Charles, *Cátedra extraordinaria "Alfonso Caso y Andrade", el centro ceremonial en la cultura de Chalchihuites*, México, Instituto de Investigaciones Antropológicas, Universidad Nacional Autónoma de México, 1983.

Kirchhoff, Paul, *Mesoamérica, sus límites geográficos, composición étnica y caracteres culturales* (suplemento a la revista *Tlatoani*), 3ª ed., México, Escuela Nacional de Antropología e Historia, 1967.

Ladrón de Guevara, Sara, y Otto Schöndube B., *Bibliografía arqueológica del occidente de México*, Guadalajara, Universidad de Guadalajara, 1990.

Langenscheidt, Adolphus, *Historia mínima de la minería en la Sierra Gorda*, Windsor/México, Rolston-Bain, 1988.

Langenscheidt, Adolphus, y Carlos Tang Lay, "La minería prehispánica en la Sierra Gorda", en *Problemas del desarrollo histórico de Querétaro, 1531-1981*, Querétaro, Publicaciones del 450 Aniversario de la Fundación de Querétaro, 1981, pp. 55-67.

Lara Valdés, José Luis, "Chupícuaro: cincuenta años de historia postergada, tres artículos editados en *Umbral*, 1946, 1947", en *Cuadernos del Seminario de Estudios Prehispánicos de Guanajuato* (Dirección General de Extensión, Universidad de Guanajuato), año 1, núm. 0, 1996, pp. 9-15.

Lastra, Yolanda, "Chichimeco Jonaz", en *Supplement to the Handbook of Middle American Indians*, vol. 2: *Linguistics*, Munro S. Edmonson, editor del vol., Austin, University of Texas Press, 1984, pp. 20-42.

———, "Estudios antiguos y modernos sobre lengua otomí", en *Anales de Antropología* (Instituto de Investigaciones Antropológicas, Universidad Nacional Autónoma de México), vol. 29, 1995, pp. 453-489.

———, *El otomí de Toluca*, México, Instituto de Investigaciones Antropológicas, Universidad Nacional Autónoma de México, 1992.

León, Nicolás, *Los tarascos, notas históricas, étnicas y antropológicas colegidas de escritores antiguos y modernos, documentos inéditos y observaciones personales, historia primitiva, descubrimiento y conquista*, facsímil de la edición de 1903, México, Editorial Innovación, 1986.

León-Portilla, Miguel, *Literaturas de Mesoamérica*, México, Secretaría de Educación Pública, 1984.

El libro de las tasaciones de pueblos de la Nueva España, Francisco González de Cossío, editor, México, Archivo General de la Nación, 1952.

Longacre, Robert, "Sistematic Comparison and Reconstruction", en *Handbook of Middle American Indians*, vol. 5: *Linguistics*, 2ª reimp. de la 1ª ed., Norman McQuown, editor del vol., Austin, University of Texas Press, 1972, pp. 117-159.

López Aguilar, Fernando, "Estructura de las repúblicas de indios en los siglos XVI y XVII", en *Nos queda la esperanza, el Valle del Mezquital*, Carlos Martínez Assad y Sergio Sarmiento, coordinadores, México, Consejo Nacional para la Cultura y las Artes, 1991, pp. 49-96.

López Aguilar, Fernando, "Historia prehispánica del Valle del Mezquital", en *Simposium sobre arqueología en el estado de Hidalgo, trabajos recientes, 1989*, Enrique Fernández Dávila, coordinador, México, Instituto Nacional de Antropología e Historia, 1994, pp. 113-123.

―――, "El Proyecto Valle del Mezquital, una propuesta metodológica", en *Simposium sobre arqueología en el estado de Hidalgo, trabajos recientes, 1989*, Enrique Fernández Dávila, coordinador, México, Instituto Nacional de Antropología e Historia, 1994, pp. 95-111.

―――, y Patricia Fournier García, "Estudios de cultura material en 'pueblos sin historia', las investigaciones sobre los *hñähñü* del Valle del Mezquital", en *Cuicuilco* (Instituto Nacional de Antropología e Historia), núm. 27, julio-septiembre de 1991, pp. 7-14.

――― y ―――, "Proyecto Valle del Mezquital", en *Consejo de Arqueología, Boletín* (Instituto Nacional de Antropología e Historia), 1991, pp. 173-175.

López Austin, Alfredo, *Tarascos y mexicas*, México, Fondo de Cultura Económica, 1981.

López Luján, Leonardo, *Nómadas y sedentarios, el pasado prehispánico de Zacatecas*, México, Instituto Nacional de Antropología e Historia, 1989.

Luckenbach, Alvin H., y Richard S. Levy, "The Implications of Nahua (Aztecan) Lexical Diversity for Mesoamerican Culture-History", en *American Antiquity* (Society for American Archaeology), vol. 45, núm. 3, julio de 1980, pp. 455-461.

Macías Goytia, Angelina, "La cuenca de Cuitzeo", en *Historia general de Michoacán*, vol. 1: *Escenario ecológico, época prehispánica*, Fernando Guevara y Marcia Castro-Leal, coordinadores del vol., Morelia, Instituto Michoacano de Cultura, Gobierno del Estado de Michoacán, 1989, pp. 169-190.

―――, *Huandacareo: lugar de juicios, tribunal*, México, Instituto Nacional de Antropología e Historia, 1990.

MacNeish, Richard S., "Ancient Mesoamerican Civilization", en *Science*, núm. 143, 1964, pp. 531-537.

―――, "Investigaciones arqueológicas en el Valle de Tehuacán", en *Arqueología Mexicana* (Editorial Raíces/Instituto Nacional de Antropología e Historia), vol. 3, núm. 13, mayo-junio de 1995, pp. 18-23.

MacNeish, Richard S., Antoinette Nelken-Terner e Irmgard W. Johnson, *The Prehistory of the Tehuacan Valley*, vol. 2: *Nonceramic Artifacts*, Austin/Londres, University of Texas Press, 1967.

Malo Zozoya, Miguel J., "Noticia del San Miguel prehispánico", en Francisco de la Maza, *San Miguel de Allende, su historia, sus monumentos*, 2ª ed., México, Frente de Afirmación Hispanista, 1972.

Manrique Castañeda, Leonardo, "Jiliapan Pame", en *Handbook of Middle American Indians*, vol. 5: *Linguistics*, 2ª reimp. de la 1ª ed., Norman McQuown, editor del vol., Austin, University of Texas Press, 1972, pp. 331-348.

———, "Las lenguas prehispánicas en el México actual", en *Arqueología Mexicana* (Editorial Raíces/Instituto Nacional de Antropología e Historia), vol. 1, núm. 5, diciembre de 1993-enero de 1994, pp. 6-13.

———, "The Otomi", en *Handbook of Middle American Indians*, vol. 8: *Ethnology, part two*, Evon Z. Vogt, editor del vol., Austin, University of Texas Press, 1969, pp. 682-722.

———, "Relaciones entre las áreas lingüísticas y las áreas culturales", en *XIII mesa redonda, balance y perspectiva de la antropología de Mesoamérica y del norte de México*, México, Sociedad Mexicana de Antropología, 1975, pp. 137-160.

Marcus, Joyce, "The Genetic Model and the Linguistic Divergence of the Otomangueans", en *The Cloud People, Divergent Evolution of the Zapotec and Mixtec Civilizations*, Nueva York/Londres, Academic Press, 1983, pp. 4-9.

Marquina, Ignacio, *Arquitectura prehispánica*, facsímil de la 2ª ed., vol. 1, México, Instituto Nacional de Antropología e Historia, 1981.

Martínez Peñaloza, María Teresa, *Vocabulario de términos en documentos históricos*, 2ª reimpresión, México, Archivo General de la Nación, 1984.

Mastache de Escobar, Alba Guadalupe, y Robert H. Cobean, "The Coyotlatelco Culture and the Origins of the Toltec State", en *Mesoamerica After the Decline of Teotihuacan, A. D. 700-1000*, Richard A. Diehl y Janet Catherine Berlo, editores, Washington, Dumbarton Oaks, 1989, pp. 49-67.

Maza, Francisco de la, *San Miguel de Allende, su historia, sus monumentos*, 2ª ed., México, Frente de Afirmación Hispanista, 1972.

McAndrew, John, *The Open-Air Churches of Sixteenth-Century Mexico, Atrios, Posas, Open Chapels and Other Studies*, Cambridge, Massachusetts, Harvard University Press, 1965.

Meade, Mercedes, y Rosaura Hernández, *Lienzos de la fundación de la ciudad de San Luis Huamantla*, facsímiles y estudio, Tlaxcala, Instituto Tlaxcalteca de la Cultura, 1984.

Mendieta, Gerónimo de, *Historia eclesiástica indiana*, 4 vols., México, Chávez Hayhoe, 1945.

Michelet, Dominique, "La parte centro norte de Michoacán", en *Historia general de Michoacán*, vol. 1: *Escenario ecológico, época prehispánica*, Fernando Guevara y Marcia Castro-Leal, coordinadores del vol., Morelia, Instituto Michoacano de Cultura, Gobierno del Estado de Michoacán, 1989, pp. 155-167.

———, "La zona occidental en el Posclásico", en *Historia antigua de México*, vol. 3, Linda Manzanilla y Leonardo López Luján, coordinadores, México, Instituto Nacional de Antropología e Historia/Coordinación de Humanidades e Instituto de Investigaciones Antropológicas, Universidad Nacional Autónoma de México/Miguel Ángel Porrúa, 1995, pp. 153-188.

Motolinía, Toribio de Benavente, *El libro perdido*, Edmundo O'Gorman, coordinador, México, Consejo Nacional para la Cultura y las Artes, 1989.

Muntzel, Martha C., "Las lenguas otopames", en *La antropología en México, panorama histórico*, vol. 3: *Las cuestiones medulares (antropología física, lingüística, arqueología y etnohistoria)*, México, Instituto Nacional de Antropología e Historia, 1988, pp. 109-134.

Muñoz Espinosa, María Teresa, *Análisis del material cerámico del norte del estado de Querétaro, México*, tesis de licenciatura, México, Escuela Nacional de Antropología e Historia, 1989.

Murphy, Michael E., *Irrigation in the Bajío Region of Colonial Mexico*, Boulder, Westview Press, 1986.

Nava L., E. Fernando, "Los chichimecas", en *Etnografía contemporánea de los pueblos indígenas de México, región centro*, México, Instituto Nacional Indigenista/Secretaría de Desarrollo Social, 1995, pp. 9-46.

———, "Los pames de San Luis Potosí", en *Etnografía contemporánea de los pueblos indígenas de México, región oriental*, México, Instituto Nacional Indigenista/Secretaría de Desarrollo Social, 1995, pp. 281-318.

Nazareo, Pablo, "Carta al rey don Felipe II", traducción del latín de Agustín Millares Carlo, en *Epistolario de Nueva España, 1505-1818*, vol. 10, Francisco del Paso y Troncoso, compilador, México, Antigua Librería Robredo, 1940, pp. 109-129.

Niederberger, Cristina, *Paleopaysages et archeologie pre-urbaine du bassin de Mexico*, 2 vols., México, Centre d'Études Mexicaines et Centraméricaines, 1987.

———, *Zohapilco, cinco milenios de ocupación humana en un sitio lacustre de la cuenca de México*, México, Instituto Nacional de Antropología e Historia, 1976.

Nieto Gamiño, Luis Felipe, *Historia de cuatro monumentos relevantes de la plaza principal de San Miguel de Allende*, informe de actividades del año sabático, San Miguel de Allende (manuscrito inédito), 1992.

———, "Pipas prehispánicas de Guanajuato", en *Arqueología Mexicana* (Editorial Raíces/Instituto Nacional de Antropología e Historia), vol. 1, núm. 5, diciembre de 1993-enero de 1994, pp. 61-62.

"Nombramiento de capitán a favor del cacique don Nicolás de San Luis", en *Boletín del Archivo General de la Nación*, tomo 6, núm. 2, marzo-abril de 1935, pp. 203-206.

Normas para la transcripción de documentos históricos, México, Archivo General de la Nación, 1979.

El obispado de Michoacán en el siglo XVII: informe inédito de beneficios, pueblos y lenguas, Ramón López Lara, editor, Morelia, Fimax Publicistas, 1973.

Ojeda Díaz, María de los Ángeles, *Catálogo de códices que se resguardan en la sección de testimonios pictográficos (a partir de 1965)*, México, Biblioteca Nacional de Antropología e Historia, México, 1985.

Patterson, Donald, y Luis Felipe Nieto, *Atlas arqueológico, región norte de Guanajuato, proyecto piloto: etapa 1, fase 1, informe núm. 5 al CRG-INAH*, 2 vols., San Miguel de Allende (manuscrito inédito), 1986.

Pérez Luque, Rosa Alicia, *Catálogo de documentos para la historia de Guanajuato en el Archivo General de Indias*, Guanajuato, Archivo Histórico de Guanajuato, Universidad de Guanajuato, 1991.

Piña Chan, Román, *Acerca del viejo Cuitzeo, guía oficial*, México, Instituto Nacional de Antropología e Historia, s. f.

Piña Chan, Román, "Las culturas preclásicas del México antiguo", en *Historia de México*, 1ª edición (fascicular), vol. 1, Barcelona/México, Salvat Editores, 1974, pp. 175-179.

Pollard, Helen P., "Estudio del surgimiento del Estado tarasco: investigaciones recientes", en *Arqueología del occidente y norte de México*, Eduardo Williams y Phil C. Weigand, editores, Zamora, El Colegio de Michoacán, 1995, pp. 29-63.

Porras Muñoz, Guillermo, *El gobierno de la ciudad de México en el siglo XVI*, México, Instituto de Investigaciones Históricas, Universidad Nacional Autónoma de México, 1982.

Porter de Moedano, Muriel, "La cerámica procedente de Chupícuaro, Gto.", en *Cuadernos del Seminario de Estudios Prehispánicos de Guanajuato* (Dirección General de Extensión, Universidad de Guanajuato), año 1, núm. 0, 1996, pp. 27-29.

Powell, Philip Wayne, *Capitán mestizo: Miguel Caldera y la frontera norteña, la pacificación de los chichimecas*, Juan José Utrilla, traductor, México, Fondo de Cultura Económica, 1980.

———, *La Guerra Chichimeca (1550-1600)*, Juan José Utrilla, traductor, México, Fondo de Cultura Económica, 1977.

Quezada Ramírez, María Noemí, *Los matlatzincas, época prehispánica y época colonial hasta 1650*, México, Instituto Nacional de Antropología e Historia, 1972.

Ramírez Montes, Mina, "La familia Tapia y su relación con los franciscanos", en *Indios y franciscanos en la construcción de Santiago de Querétaro (siglos XVI y XVII)*, Querétaro, Gobierno del Estado de Querétaro, 1997, pp. 133-171.

———, "La parroquia de San Miguel de Allende", en *Anales del Instituto de Investigaciones Estéticas* (Instituto de Investigaciones Estéticas, Universidad Nacional Autónoma de México), vol. 14, núm. 55, 1986, pp. 97-106.

Ramos de la Vega, Jorge, y Lorenza López Mestas, "Arqueología de la sierra de Comanjá-Guanajuato", en *Tiempo y territorio en arqueología, el centro norte de México*, Ana María Crespo Oviedo y Carlos Viramontes Anzures, coordinadores, México, Instituto Nacional de Antropología e Historia, 1996, pp. 93-113.

———, ——— y C. Carlos Santos Rodríguez, "Conjuntos habitacionales en los sitios del noroeste de Guanajuato", en *Cuadernos de Arquitectura Mesoamericana* (Facultad de Arquitectura, Universidad Nacional Autónoma de México), núm. 25, marzo de 1993, pp. 40-49.

Rattray, Evelyn Childs, "El barrio de los comerciantes y el conjunto Tlamimilolpa: un estudio comparativo", en *Arqueología* (Dirección de Monumentos Prehispánicos, Instituto Nacional de Antropología e Historia), núm. 5, 1989, pp. 105-129.

―――, "Los barrios foráneos de Teotihuacan", en *Teotihuacan, nuevos datos, nuevas síntesis, nuevos problemas*, Emily McClung de Tapia y Evelyn Childs Rattray, editoras, México, Instituto de Investigaciones Antropológicas, Universidad Nacional Autónoma de México, 1987, pp. 243-273.

Rea, Alonso de la, *Crónica de la orden de N. S. Padre San Francisco, provincia de San Pedro y San Pablo de Mechoacán, en la Nueva España*, 3ª ed., Querétaro, Cimatario, 1945.

Relaciones geográficas del siglo XVI: México, 3 vols., René Acuña, editor, México, Instituto de Investigaciones Antropológicas, Universidad Nacional Autónoma de México, 1985 y 1986.

Relaciones geográficas del siglo XVI: Michoacán, René Acuña, editor, México, Instituto de Investigaciones Antropológicas, Universidad Nacional Autónoma de México, 1987.

Relaciones geográficas del siglo XVI: Tlaxcala, René Acuña, editor, México, Instituto de Investigaciones Antropológicas, Universidad Nacional Autónoma de México, 1984.

Rionda, Luis Miguel, "La etnohistoria y la antropología social en Guanajuato", en *La antropología en México, panorama histórico*, vol. 13, Carlos García Mora y Mercedes Mejía Sánchez, coordinadores, México, Instituto Nacional de Antropología e Historia, 1988, pp. 279-302.

Robertson, Donald, "The Pinturas (Maps) of the *Relaciones Geográficas*, with a Catalog", en *Handbook of Middle American Indians*, vol. 12: *Guide to Ethnohistorical Sources, part one*, Howard F. Cline, editor del vol., Austin, University of Texas Press, 1972, pp. 243-278.

―――, "Techialoyan Manuscripts and Paintings, with a Catalog", en *Handbook of Middle American Indians*, vol. 14: *Guide to Ethnohistorical Sources, part three*, Howard F. Cline, editor del vol., Austin, University of Texas Press, 1975, pp. 253-280.

Rodríguez Loubet, François, *Artefactos líticos del estado de Guanajuato*, México, Instituto Nacional de Antropología e Historia, México, 1988.

―――, *Les Chichimeques, archéologie et ethnohistoire des chasseurs-*

collecteurs du San Luis Potosí, Mexique, México, Centre d'Études Mexicaines et Centraméricaines, 1985.

Romano Pacheco, Arturo, "La población prehispánica de Querétaro", en *Problemas del desarrollo histórico de Querétaro, 1531-1981*, Querétaro, Publicaciones del 450 Aniversario de la Fundación de Querétaro, 1981, pp. 68-72.

Rubín de la Borbolla, Daniel F., "Problemas de la arqueología de Chupícuaro", en *Cuadernos del Seminario de Estudios Prehispánicos de Guanajuato* (Dirección General de Extensión, Universidad de Guanajuato), año 1, núm. 0, 1996, pp. 17-19.

Ruiz Medrano, Ethelia, *Gobierno y sociedad en Nueva España: Segunda Audiencia y Antonio de Mendoza*, Morelia/Zamora, Gobierno del Estado de Michoacán/El Colegio de Michoacán, 1991.

Sahagún, Bernardino de, *Códice florentino*, facsímil, 3 vols., México/Italia, Secretaría de Gobernación/Giunti Barbèra, 1979.

———, *Códice florentino*, libro 10, Charles Dibble y Arthur Anderson, traductores y editores, Santa Fe, School of American Research, University of Utah, 1961.

Saint-Charles Zetina, Juan Carlos, "Asentamientos sobre barrancas, río San Juan", en *Cuadernos de Arquitectura Mesoamericana* (Facultad de Arquitectura, Universidad Nacional Autónoma de México), núm. 25, marzo de 1993, pp. 17-22.

———, "El reflejo del poder teotihuacano en el sur de Guanajuato y Querétaro", en *Tiempo y territorio en arqueología, el centro norte de México*, Ana María Crespo Oviedo y Carlos Viramontes Anzures, coordinadores, México, Instituto Nacional de Antropología e Historia, 1996, pp. 143-160.

———, y Miguel Argüelles Gamboa, "Cerro de la Cruz, persistencia de un centro ceremonial", en *Querétaro prehispánico*, México, Instituto Nacional de Antropología e Historia, 1991, pp. 57-97.

———, "Cerro de la Cruz, un asentamiento prehispánico en San Juan del Río, Querétaro", en *Investigación* (Universidad Autónoma de Querétaro), 1ª época, año 5, núm. 18, octubre-diciembre de 1986, pp. 43-49.

———, "Los primeros asentamientos agrícolas en el Valle de San Juan del Río, Qro. (500 a.C.-0)", en *Investigación* (Universidad Autónoma de Querétaro), 1ª época, año 7, núms. 25-26, julio-diciembre de 1988, pp. 5-7.

Sánchez Correa, Sergio A., "Comentarios sobre algunos sitios arqueológicos localizados al suroeste de Guanajuato", en *Cuadernos de Arquitectura Mesoamericana* (Facultad de Arquitectura, Universidad Nacional Autónoma de México), núm. 25, marzo de 1993, pp. 50-57.

―――, y Emma G. Morales Marmolejo, "Algunas apreciaciones sobre el Clásico en el Bajío central, Guanajuato", en *La época Clásica: nuevos hallazgos, nuevas ideas*, Amalia Cardos de Méndez, coordinadora, México, Museo Nacional de Antropología, Instituto Nacional de Antropología e Historia, 1990, pp. 267-278.

Santa Getrudis [sic], Francisco Xavier de, *Cruz de piedra, imán de la devoción, venerada en el colegio de misioneros apostólicos de la ciudad de Santiago de Querétaro, descripción panegírica de su prodigioso origen y portentosos milagros*, 2ª ed., Querétaro, Ediciones Cimatario, 1946.

Schiavetti, Vincent W., "La minería prehispánica de Chalchihuites", en *Arqueología Mexicana* (Editorial Raíces/Instituto Nacional de Antropología e Historia), vol. 1, núm. 6, febrero-marzo de 1994, pp. 48-51.

Schöndube B., Otto, *Figurillas del occidente de México/Figurines of Western Mexico*, México, Instituto Nacional de Antropología e Historia, 1968.

―――, "El occidente de México, ¿marginal a Mesoamérica?", en *La validez teórica del concepto de Mesoamérica, XIX mesa redonda de la Sociedad Mexicana de Antropología*, México, Instituto Nacional de Antropología e Historia/Sociedad Mexicana de Antropología, 1990, pp. 129-134.

"Sesión II, arqueología, comentarios y preguntas", en *Problemas del desarrollo histórico de Querétaro, 1531-1981*, Querétaro, Publicaciones del 450 Aniversario de la Fundación de Querétaro, 1981, pp. 78-86.

Sigüenza y Góngora, Carlos de, *Glorias de Querétaro en la nueva Congregación Eclesiástica de María Santíssima de Guadalupe*, México, Viuda de Bernardo Calderón, 1680.

Smith, Michael Ernest, *Postclassic Culture Change in Western Morelos, Mexico: The Development and Correlation of Archaeological and Ethnohistorical Chronologies*, tesis doctoral, Urbana-Champaign, University of Illinois at Urbana-Champaign, 1983.

Soustelle, Jacques, *La familia otomí-pame del centro de México*, María de los Ángeles Ambriz, traductora, Toluca, Instituto Mexiquense de Cultura, Gobierno del Estado de México/Universidad Autónoma del Estado de México/El Ateneo del Estado de México, 1993.

——, *La famille Otomi-Pame du Mexique central*, París, Institut d'Ethnologie, 1937.

Stanislawski, Dan, "Tarascan Political Geography", en *American Anthropologist*, vol. 49, núm. 1, enero-marzo de 1947, pp. 46-55.

Swadesh, Morris, "Algunas fechas glotocronológicas importantes para la prehistoria nahua", en *Revista Mexicana de Estudios Antropológicos* (Sociedad Mexicana de Antropología), tomo 14, 1ª parte, 1956, pp. 173-192.

——, "Lexicostatistic Classification", en *Handbook of Middle American Indians*, vol 5: *Linguistics*, 2ª reimp. de la 1ª ed., Norman McQuown, editor del vol., Austin, University of Texas Press, 1972, pp. 79-115.

"Testimonio de cédula de fundación de Querétaro", en *La sombra de Arteaga, periódico oficial del Gobierno del Estado*, Querétaro, año XXVI, núm. 19, 30 de mayo de 1892, pp. 287-290.

"Títulos de las villas de San Miguel el Grande (1559) y de San Felipe (1562)", J. Ignacio Rubio Mañé, editor, en *Boletín del Archivo General de la Nación*, 2ª serie, tomo 2, núm. 3, julio-septiembre de 1961, pp. 335-353.

Torquemada, Juan de, *Monarquía indiana*, 7 vols., México, Instituto de Investigaciones Históricas, Universidad Nacional Autónoma de México, 1975-1983.

Urbano, Alonso, *Arte breve de la lengua otomí y vocabulario trilingüe español-náhuatl-otomí*, René Acuña, editor, México, Instituto de Investigaciones Filológicas, Universidad Nacional Autónoma de México, 1990.

La validez teórica del concepto Mesoamérica, XIX mesa redonda de la Sociedad Mexicana de Antropología, Antonio Guzmán V. y Lourdes Martínez O., editores, México, Instituto Nacional de Antropología e Historia, 1990.

Valiñas C., Leopoldo, "La lingüística en Querétaro, Guanajuato y San Luis Potosí", en *La antropología en México, panorama histórico*, vol. 13, Carlos García Mora y Mercedes Mejía Sánchez, coordinadores, México, Instituto Nacional de Antropología e Historia, 1988, pp. 217-230.

Vega M., Ma. Concepción de la, "El convento de Querétaro a finales del siglo XVI", en *Indios y franciscanos en la construcción de Santiago de Querétaro (siglos XVI y XVII)*, Querétaro, Gobierno del Estado de Querétaro, 1997, pp. 173-220.

Villasana Haggard, J., *Handbook for Translators of Spanish Historical Documents*, Austin, University of Texas, 1941.

Viramontes Anzures, Carlos, "La conformación de la frontera chichimeca en la marca del río San Juan", en *Tiempo y territorio en arqueología, el centro norte de México*, Ana María Crespo Oviedo y Carlos Viramontes Anzures, coordinadores, México, Instituto Nacional de Antropología e Historia, 1996, pp. 23-35.

———, "La integración del espacio entre grupos de recolectores cazadores en Querétaro", en *Cuadernos de Arquitectura Mesoamericana* (Facultad de Arquitectura, Universidad Nacional Autónoma de México), núm. 25, marzo de 1993, pp. 11-16.

Vivó, Jorge A., Paul Kirchhoff, Gordon R. Willey, Jaime Litvak King y Alfred L. Kroeber, *Una definición de Mesoamérica*, 2ª ed., México, Instituto de Investigaciones Antropológicas, Universidad Nacional Autónoma de México, 1992.

Weigand, Phil C., *Evolución de una civilización prehispánica, arqueología de Jalisco, Nayarit y Zacatecas*, Zamora, El Colegio de Michoacán, 1993.

———, "Obras hidráulicas a gran escala en el occidente de Mesoamérica", en *Contribuciones a la arqueología y etnohistoria del occidente de México*, Eduardo Williams, editor, Zamora, El Colegio de Michoacán, 1994, pp. 227-277.

Williams, Eduardo, "El occidente de México: una perspectiva arqueológica", en *Arqueología del occidente de México: nuevas aportaciones*, Eduardo Williams y Roberto Novella, coordinadores, Zamora, El Colegio de Michoacán, 1994, pp. 11-59.

———, "Producción de sal en la cuenca de Cuitzeo, Michoacán", en *Arqueología Mexicana* (Editorial Raíces/Instituto Nacional de Antropología e Historia), vol. 5, núm. 27, septiembre-octubre de 1997, pp. 66-71.

———, *Las piedras sagradas, escultura prehispánica del occidente de México*, Zamora, El Colegio de Michoacán, 1992.

Winter, Marcus C., Margarita Gaxiola G. y Gilberto Hernández D.,

"Archaeology of the Otomanguean Area", en *Essays in Otomanguean Culture History*, J. Katherine Josserand, Marcus Winter y Nicholas Hopkins, editores, Nashville, Vanderbilt University, 1984, pp. 65-108.

Wood, Stephanie, "Don Diego García de Mendoza Moctezuma: A Techialoyan Mastermind?", en *Estudios de Cultura Náhuatl* (Instituto de Investigaciones Históricas, Universidad Nacional Autónoma de México), vol. 19, 1989, pp. 245-268.

——, "Pedro de Villafranca y Juana Gertrudis Navarrete: falsificador de títulos y su viuda (Nueva España, siglo XVIII)", en *Lucha por la supervivencia en la América colonial*, David G. Sweet y Gary B. Nash, editores; David Huerta y Juan José Utrilla, traductores, México, Fondo de Cultura Económica, 1987, pp. 472-485.

Wright Carr, David Charles, "La colonización de los estados de Guanajuato y Querétaro por los otomíes según las fuentes etnohistóricas", en *Contribuciones a la arqueología y etnohistoria del occidente de México*, Eduardo Williams, editor, Zamora, El Colegio de Michoacán, 1994, pp. 379-411.

——, "Conni/C'óhní/Conín: Hernando de Tapia en la historia de Querétaro", en *El heraldo de Navidad* (Patronato de las Fiestas de Querétaro), 1989, pp. 16-21.

——, "La conquista del Bajío y los orígenes de San Miguel de Allende", en *Memorias de la Academia Mexicana de la Historia*, tomo 36, 1993, pp. 251-293.

——, *Conquistadores otomíes en la Guerra Chichimeca: dos documentos en el Archivo General de la Nación*, Querétaro, Secretaría de Cultura y Bienestar Social, Gobierno del Estado de Querétaro, 1988.

—— (edición trilingüe [en castellano, francés e inglés] del documento núm. 15 del apéndice documental del presente libro, publicada en un disket, para usarse con el software *Temoa)*, Marc Thouvenot, editor, París, Editions SUP-INFOR, 1995.

——, "Guanajuato", en *Field Trip Guide, 1989 Conference of Latin Americanist Geographers*, William E. Doolittle, compilador, Austin, Department of Geography, University of Texas at Austin, 1989, pp. 125-154.

——, "Manuscritos otomíes del Virreinato", en *Códices y documentos sobre México, segundo simposio*, Salvador Rueda Smithers,

Constanza Vega Sosa y Rodrigo Martínez Baracs, editores, México, Instituto Nacional de Antropología e Historia, 1997, pp. 437-462.

Wright Carr, David Charles, *Martín* (edición trilingüe [en castellano, francés e inglés] del documento número 14 del apéndice documental del presente libro, publicada en un disket, para usarse con el software *Temoa),* Marc Thouvenot, editor, París, Editions SUP-INFOR, 1995.

————, "El papel de los otomíes en las culturas del Altiplano Central", en *Relaciones, Estudios de Historia y Sociedad* (El Colegio de Michoacán), vol. 18, núm. 72, otoño de 1997, pp. 225-242.

————, *Querétaro en el siglo XVI, fuentes documentales primarias*, Querétaro, Secretaría de Cultura y Bienestar Social, Gobierno del Estado de Querétaro, 1989.

————, "¿Quién bautizó a Conni? Inicios de la evangelización en Querétaro", en *El heraldo de Navidad* (Patronato de las Fiestas de Querétaro), 1991, pp. 19-22.

————, *The Sixteenth Century Murals of the Augustinian Monastery at Ixmiquilpan, Hidalgo, Mexico*, tesis de maestría, San Miguel de Allende, Instituto Allende, 1982.

————, "La vida cotidiana en Querétaro durante la época Barroca", en *Querétaro, ciudad barroca*, Querétaro, Secretaría de Cultura y Bienestar Social, Gobierno del Estado de Querétaro, 1988, pp. 13-44.

"Y por mí visto...", mandamientos, ordenanzas, licencias y otras disposiciones virreinales del siglo XVI, Carlos Paredes Martínez, editor, México/Morelia, Centro de Investigaciones y Estudios Superiores en Antropología Social/Universidad Michoacana de San Nicolás de Hidalgo, 1994. (Este libro sintetiza mandamientos y mercedes de los virreyes durante el periodo 1535-1597 sobre Michoacán —incluyendo la provincia de Chichimecas— existentes en cuatro acervos: Archivo General de la Nación, grupo documental Indios; Library of Congress, Washington, D. C., Kraus Collection, ms. 140; Newberry Library, Chicago, Ayer Collection, ms. 1121, y Archivo General de Indias, Sevilla. Véanse Gerhard, *Síntesis e índice de los mandamientos*..., y Zavala, *Asientos*..., en esta bibliografía.)

Zantwijk, Rudolf A. M. van, "La estructura gubernamental del estado de Tlacupan (1430-1520)", en *Estudios de Cultura Náhuatl*, vol. 8, México, Instituto de Investigaciones Históricas, Universidad Nacional Autónoma de México, 1969, pp. 123-155.

Zavala, Silvio, *Asientos de la gobernación de la Nueva España (periodo del virrey don Luis de Velasco, 1550-1552)*, México, Archivo General de la Nación, 1982. (Este libro sintetiza mandamientos y mercedes del virrey Luis de Velasco I, fechados entre 1550 y 1552, existentes en Library of Congress, Washington, D. C., Kraus Collection, ms. 140. Véanse Gerhard, *Síntesis e índice de los mandamientos...*, y *"Y por mí visto..."*, en esta bibliografía.)

Zavala, Silvio, *La encomienda indiana*, 3ª ed., México, Porrúa, 1992.

Zepeda García-M., Gabriel, "Nogales: fortaleza tarasca en el estado de Guanajuato", en *Primera reunión sobre las sociedades prehispánicas en el centro occidente de México, memoria*, México, Instituto Nacional de Antropología e Historia, 1988, pp. 299-306.

Manuscritos consultados

Archivo General de la Nación, grupo documental General de parte, vol. 1, exp. 883, ff. 164 v. y 165 r.

Archivo General de la Nación, grupo documental Media anata, vol. 35, ff. 244 r.-249 v.

Archivo General de la Nación, grupo documental Mercedes, vol. 1, exp. 360, ff. 168 r. y v.

Archivo General de la Nación, grupo documental Mercedes, vol. 2, exp. 192, f. 75 r.; exp. 193, f. 76 r.; exp. 344, ff. 139 v. y 140 r.; exp. 475, f. 195 v.

Archivo General de la Nación, grupo documental Mercedes, vol. 3, ff. 346 r.-347 r.

Archivo General de la Nación, grupo documental Mercedes, vol. 4, ff. 286 r.-287 v.

Archivo General de la Nación, grupo documental Mercedes, vol. 7, ff. 267 v., 269 v., 271 v., 273 r. y v., 277 r. y v., 280 r. y v., 281 v., 282 v. y 283 r.

Archivo General de la Nación, grupo documental Ordenanzas, vol. 2, ff. 219 v. y 220 r.

Archivo General de la Nación, grupo documental Tierras, vol. 417, exp. 1, ff. 1 r.-246 v.

Archivo General de la Nación, grupo documental Tierras, vol. 582, exp. 7, ff. 37 r.
Archivo General de la Nación, grupo documental Tierras, vol. 1783, ff. 1 r.-58 v.
Archivo General de la Nación, grupo documental Tierras, vol. 2713, exp. 2, f. 6 r.
Archivo General de la Nación, grupo documental Tierras, vol. 2775, exp. 5, f. 10 r.
Archivo General de la Nación, grupo documental Tierras, vol. 2777, exp. 5, f. 49 r.
Archivo General de la Nación, grupo documental Tierras, vol. 2782, exp. 4, ff. 28 r.-34 r.
Archivo General de la Nación, grupo documental Tierras, vol. 2785, exp. 13, ff. 1 r.-12 v.; exp. 13 bis, ff. 1 r.-16 r.
Biblioteca del Congreso del Estado de Querétaro, *Real cédula de la fundación de Querétaro*.
Biblioteca de la Presidencia Municipal de Jilotepec, *Códice de Jilotepec*.
Newberry Library, Chicago, Ayer Collection, ms. 1106A, f. 44 v.
Newberry Library, Chicago, Ayer Collection, ms. 1106C, 3, ff. 131 v. y 132 r.
"Testimonio de los autos y diligencias hechas en el año de 1519 a 1531, la cédula real y merced para la posesión de las 500 varas de tierra del fundo legal en el Puerto de los Bárbaros, aparición de la Santísima Cruz y el Santo Cristo de la Conquista el día 14 de septiembre de 1531 años" (transcripción oficial, presidencia municipal de San Miguel de Allende, 1947).
University of Texas at Austin, Benson Latin American Collection, Joaquín García Icazbalceta Collection, vol. 24, doc. 17.

ÍNDICE

Prólogo 7

I. *La frontera norte-central de Mesoamérica* 11
   La Mesoamérica marginal: primeros asentamientos y
      primer florecimiento (500 a.C.-900 d.C.) 11
   La Mesoamérica marginal: relaciones con Tula y aban-
      dono de los asentamientos agrícolas (900-1520 d.C.) . 18
   La frontera de la civilización en 1520 20

II. *Identidades étnicas, migraciones e interacciones culturales* . . 24
   Los otomíes: un pueblo difamado 24
   El origen de los nahuas 29
   Los tarascos 31
   Los grupos nómadas y seminómadas 33

III. *La colonización del Bajío durante el siglo XVI* 36
   Etapa clandestina (1521-1538) 36
   Etapa de la integración de los otomíes en el sistema
      novohispano (1538-1550) 39
   Etapa armada (1550-1590) 49
   Etapa de la posguerra (1590-1650) 63

Epílogo 67

APÉNDICE DOCUMENTAL

Normas paleográficas 71

1. *Mandamientos sobre la fundación de una villa de españoles en
San Miguel de los Chichimecas* 75

2. *Título de la villa de San Miguel el Grande, con su contexto
documental* 77

3. *Libranza de doscientos pesos al capellán de la villa de San Miguel* 84

4. *Merced a Tomás Blásquez, de la villa de San Miguel, de un sitio de estancia de ganado mayor* 85

5. *Declaración prohibiendo los rodeos de ganado en San Miguel* 86

6. *Merced a Juan Rangel, de la villa de San Miguel, de tierras y estancias* 88

7. *Mandamiento a la villa de San Miguel para que use su jurisdicción en sus términos conforme a la merced que tiene* . . . 89

8. *Mandamiento obligando a los indios de las estancias de Santiago y San Francisco, en el valle de Chamacuero, a mandar seis trabajadores a la villa de San Miguel* 90

9. *Mandamiento para que los indígenas principales de San Miguel puedan aprovechar unas salinas en el valle de Chamacuero* 91

10. *Información de méritos y servicios de Hernando de Tapia* . . 93

11. *Mandamiento a las justicias que castiguen a los indios que roben ganado en las Chichimecas* 105

12. *Descripción de la villa de San Miguel el Grande en 1639* . . 106

13. *Descripción de la villa de San Miguel el Grande en 1649* . . 107

14. *Conquistadores otomíes en la Guerra Chichimeca: primer documento* 108

15. *Conquistadores otomíes en la Guerra Chichimeca: segundo documento* 119

Bibliografía 129
    Manuscritos consultados 155

Este libro se terminó de imprimir en noviembre de 1999 en los talleres de **Impresora y Encuadernadora Progreso, S.A. de C.V.**, (IEPSA), Calz. de San Lorenzo 244; 09830 México, D.F. En su composición, parada en el Taller de Composición del PCE, se emplearon tipos Palatino de 12, 10:12, 9:11 y 8:9 puntos. La edición, que consta de 2 000 ejemplares, estuvo al cuidado de *Maribel Madero Kondrat*.